Boeddhisme in ee

Bert van Baar

Boeddhisme
in een notendop

2009 Uitgeverij Bert Bakker Amsterdam

Eerste druk 2006
Derde druk 2009

Omslagontwerp Roald Triebels
Foto omslag Getty Images
www.uitgeverijbertbakker.nl
ISBN 978 90 351 3052 4

Uitgeverij Bert Bakker is onderdeel van Uitgeverij Prometheus

Inhoud

Woord vooraf

Als kind had ik vaak last van migraine. Bijna iedere zondag lag ik misselijk met hoofdpijn op bed. Mijn beide grootvaders rookten sigaren en ik kon er totaal niet tegen. In die tijd, de jaren zestig, was niet roken voor een opa absoluut geen optie. Hoewel ik nog geen tien jaar oud was, viel het me toen al op dat denken pijn kan doen. Geen emotionele pijn of pijnlijke gedachten, maar zuiver het hebben van een gedachte ervoer ik als pijnlijk. Fijne gedachten, mooie gedachten, wat voor gedachten dan ook maakte niet uit, ze deden allemaal pijn in mijn kop. Mijn remedie was proberen niet te denken. Rust in mijn hoofd maakte de pijn een stuk draaglijker. Dat niet denken was echter erg moeilijk. Het lukte dan ook niet zo.

Langzaam groeide ik in de loop der jaren over mijn hoofdpijnen heen. Mijn gedachten bleven me echter plagen. In de pubertijd hielden ze me uit mijn slaap. Hoewel doodmoe, zodra ik het licht uitdeed om te gaan slapen was ik klaarwakker. Het idee vatte post dat mijn gedachten me uit mijn slaap hielden. Een fatale gedachte als je wilt slapen. Dit keer merkte ik dat de inhoud van mijn gedachten wel een rol speelde. Opnieuw drong de remedie van het niet-denken zich aan mij op als een aantrekkelijk middel om de slaap te vatten. Wederom hadden mijn pogingen echter niet veel succes en ik werd een notoir slechte inslaper.

In mijn studententijd was ik druk aan het experimenteren met dit en dat middel om mijn bewustzijn te verruimen; de meer praktijkgerichte kant van mijn psychologiestudie. Een van de effecten die zich voordeed was dat bij tijd en wijle mijn gedachten behoorlijk op hol sloegen, af en toe zo snel dat ik ze niet meer bij kon houden en dan gingen er drie gedachtestromen tegelijk in verschillende richtingen. Op goed moment werd ik me gewaar dat er volkomen buiten mijn wil om voortdurend gesprekken in mijn hoofd plaatsvonden. Overal had ik een mening over, die dan weer druk bediscussieerd en van alle kanten op waarheid bekeken werd. Ik stond erbij en keek ernaar. Dit riep bij mij de vraag op: Ben ik mijn gedachten? Hebben ze wel iets met mij te maken? En, ben ik verantwoordelijk voor wat ik denk?

Opnieuw ontstond er grote behoefte aan rust in mijn kop. Rust en helderheid.

Als jonge wetenschapper wierp ik mijn blik over de grenzen en raakte geïnteresseerd in meditatie. Oude wijze stemmen spraken mij toe dat er hier een weg zou kunnen zijn waar ik iets van zou kunnen leren over het functioneren van mijn geest waar ik in het leven van alledag ook echt iets aan zou hebben. Voorzichtig begon ik te experimenteren met meditatie. Eerst stiekem uit een boekje, later bij een tai-chileraar in de stad. Na mijn cultureel-antropologisch veldwerkonderzoek in India naar rituelen in het Tibetaans boeddhisme ging ik het serieuzer aanpakken en bij een Tibetaans meester in de leer. Hij leerde mij wél hoe ik mijn geest tot rust kon brengen en zijn natuurlijke helderheid en eenvoud kon vinden – heel vertrouwd thuiskomen. Het was helemaal niet mijn bedoeling om boeddhist te worden. Ik wilde gewoon mijn geest leren kennen, rust en helderheid vinden, en weten wat waar is en wat ik kon vertrouwen in een wereld vol illusies. Omdat ik niets met zekerheid kon zeggen maakte ik van het zitten in stilte mijn grond. Daarin vond ik een bodem – niet grijpen naar ervaring en open voor wat (op)komt. Nog steeds sta ik versteld van de diepte, systematiek en subtiliteit van het boeddhisme. Het is een training van de geest geworteld in een traditie waarin proefondervindelijke ervaring centraal staat en je zelf kritisch moet onderzoeken zodat je weet waar de Boeddha, of de leraar, het over heeft. Ik ben oprecht van mening dat iedereen veel kan leren van de spirituele educatie van de geest zoals die in de boeddhistische traditie onderwezen wordt. Ik hoop dat dit boekje hier een bijdrage toe vormt.

1 Inleiding: studie van het boeddhisme is de studie van je geest

De bedoeling van het bestuderen van boeddhisme
is niet het bestuderen van het boeddhisme,
maar het bestuderen van onszelf.[1]

In iedere tijd en cultuur worstelen mensen met dezelfde fundamentele problemen. De uiterlijke vorm is misschien anders, maar de strijd, de pijn, de frustratie en ook de troost, het geluk en het genot komen op hetzelfde neer. Een holbewoner die zijn natte hout niet aankrijgt en een flatbewoner die zijn energierekening niet kan betalen hebben in de winter hetzelfde probleem; ze hebben het koud en dat vinden ze allebei niet lekker. Of je zoon nou een heilige tekst kan reciteren of een doelpunt scoort, als vader ben je trots. Daarin is er geen verschil. Het menselijk streven naar geluk en het vermijden van pijn is universeel. Het zit in onze aard. Onze overlevingsdrang neemt verschillende vormen aan voor verschillende mensen in verschillende tijden en culturen, maar daar achter ligt een wereld van hoop en vrees die voor iedereen hetzelfde is: hoop op geluk en angst voor ongeluk; hoop op genot en angst voor pijn; hoop op winst en angst voor verlies; hoop op status en roem en angst voor niemand iets te kunnen betekenen. De gebruikelijke manier om het streven naar geluk te bevredigen is te proberen de uiterlijke omstandigheden zo te manipuleren dat je krijgt wat je wil hebben en gevrijwaard blijft van wat je niet wil hebben. Dit maakt ons geluk afhankelijk van externe omstandigheden buiten onze controle en daarmee niet erg stabiel. In het boeddhisme wordt daarom een andere weg bewandeld.

Op de vraag naar de kunst van het geluk antwoordde de vaak zo aanstekelijk lachende Dalai Lama, religieus leider van boeddhistisch Tibet, dat, hoewel externe omstandigheden kunnen bijdragen aan iemands geluk en welzijn, uiteindelijk geluk en lijden afhangen van de geest en hoe deze waarneemt. Als het belangrijkste kenmerk van werkelijk geluk noemt hij het hebben van innerlijke vrede. De vraag is nu: wat is deze geest en hoe bereik je innerlijke vrede?

Om dit te beantwoorden moeten we eerst onze geest leren herkennen. Vervolgens kunnen we dan zien in wat voor toestand hij zich bevindt. Pas daarna kan bekeken worden hoe we de toestand van onze geest kunnen transformeren om zo het door ons verlangde geluk en welzijn te verwerkelijken. Dit is een systematische aanpak van studie en geestelijke training. Het is geen intellectueel proces, maar ervaringsgericht: alle studie staat in het licht van de beoefening. In het boeddhisme gaat het niet om mooie gedachten of diepgaande filosofieën, maar hoe we in het leven van alledag omgaan met de dingen die ons overkomen. Het is een hele praktijkgerichte aanpak. Zijn we overgeleverd aan de willekeur van wat op ons afkomt en hopen we er maar het beste van, of hebben we inzicht in de geest die dit alles overkomt en die weet hoe vrij te zijn van zijn eigen conditionering, neuroses en gehechtheden?

Boeddha zag op het moment van zijn verlichting hoe de ontelbare levende wezens bij hun pogingen geluk te vinden zichzelf in de weg zitten en telkens weer herboren worden in de wereld van lijden, die zij juist trachten te ontvluchten. Deze pijnlijke vicieuze cirkel wordt *samsara* ('in een kringetje ronddraaien') genoemd. Uit onwetendheid over wie we werkelijk zijn handelen we telkens weer uit aversie en gehechtheid en scheppen zo situaties die meer lijden voortbrengen. Boeddha ontdekte dat, als we het grijpen naar dingen buiten ons en de gehechtheid aan een zelf loslaten, we een natuurlijke rust en helderheid vinden, die een positieve spiraal van vrede en geluk op gang brengt, die uiteindelijk tot volkomen bevrijding van het lijden kan leiden.

Boeddha was niet geïnteresseerd in hoogdravende theorieën en metafysica, maar in hele praktisch toepasbare wijsheid die een uitweg uit het lijden biedt. Hij zei dat wanneer iemand door een giftige pijl getroffen wordt en zich eerst gaat afvragen waar de pijl vandaan komt, wie hem geschoten heeft, van wat voor hout hij gemaakt is en in wat voor gif hij gedompeld zou kunnen zijn, die persoon allang dood is. De praktische oplossing is de pijl onmiddellijk uit het lijf te trekken. Evenzo zag hij dat levende wezens lijden en in plaats van zich af te vragen wie de wereld geschapen heeft, zocht hij direct een uitweg uit het lijden. Hij zag dat het lijden universeel en van alle tijden is en tevens dat ieder levend wezen het potentieel bezit boven dit lijden uit te stijgen.

De Boeddha stelt dat ieder levend wezen boeddha kan worden. Sterker noch, hij zei dat ieder levend wezen in essentie reeds een boeddha is, maar dit nog niet realiseert omdat hij of zij in de illusies van onwetendheid over zijn ware aard verstrikt zit. Dit is alsof je droomt, maar je geen idee hebt dat je droomt. Je wordt volledig door de overtuigingskracht van de illusie meegesleept. De Boeddha doorzag de illusies van de droom. Hij zag de mechanismen die de droom in stand houden en vond een manier om uit de droom te ontwaken. 'Boeddha' betekent dan ook 'Ontwaakte'. Dit is geen naam, maar een titel. De potentie die alle wezens hebben om ook te ontwaken wordt 'boeddhanatuur' genoemd. In werkelijkheid is iedereen een boeddha. Wie dit volledig als doorleefde ervaring gerealiseerd heeft, is verlicht.

Om boeddha te worden beoefenen boeddhisten de *dharma*. Dharma betekent 'waarheid', 'wet' of 'weg'. In het meervoud betekent dharma's 'verschijnselen'. Dharma is wat je volgt, wat je beoefent, niet zozeer waarin je gelooft, maar waar je je vertrouwen in stelt en je heil in zoekt. Dharma is het onderricht van de Boeddha, dat door boeddhisten in de praktijk wordt gebracht. Het is niet een of andere leer die buiten je staat en waar je naar probeert te leven. Voor boeddhisten is het 'de waarheid zoals het is' en die is van alle tijden en alle culturen. Boeddhisten noemen zichzelf vaak dan ook geen boeddhist, maar 'volgers van de *boeddhadharma*'. Boeddha zei dat zijn woorden niet voor waar aangenomen moesten worden enkel omdat hij het gezegd had, of uit respect voor hem. Het onderricht moet beproefd worden opdat men zelf de waarheid ervan zal ondervinden, net 'zoals een goudsmid goud op zijn echtheid zal testen om te zien of het puur is'. En, zo voegde de Boeddha eraan toe, mocht men vinden dat zijn woorden niet waar zouden zijn, dan zouden deze verworpen moeten worden. Deze onderzoekende houding maakt dat het boeddhisme welhaast het karakter heeft van een empirische wetenschap. Sommigen spreken daarom over boeddhisme als zijnde een wetenschap van de geest. Albert Einstein noemde boeddhisme bijvoorbeeld de religie van de toekomst, die zich het best met wetenschap verenigen laat.

Boeddha heeft altijd een goddelijke afkomst ontkend. Toch wordt het boeddhisme meestal tot de grote wereldreligies gerekend en soms zelfs abusievelijk een godsdienst genoemd. In het boeddhisme is echter geen plaats voor een externe schepper die over leven en dood regeert. Het is de mens die zijn eigen wereld schept met zijn geest. De geest is schepper van geluk en lijden, voorspoed en ongeluk. De dharma is een wegwijzer naar een natuurlijke staat van wijsheid, de oorspronkelijke natuur van de geest.

Deze wijsheid is 'direct zien zoals het is' in plaats van 'denken te zien zoals het is'.

Drie instrumenten staan de boeddhist ter beschikking om de wijsheid van de natuur van de geest te realiseren: Bij de *wijsheid van het horen* luister je met een open geest zonder vooropgestelde ideeën en meningen naar het onderricht met de intentie het te onthouden en te begrijpen. Met de *wijsheid van contemplatie* analyseer je de woorden en reflecteert kritisch op de betekenis ervan. Middels de *wijsheid van applicatie en meditatie* pas je het onderricht toe in je ervaring van het dagelijks leven.

De innerlijke houding waarmee naar het onderricht geluisterd dient te worden om er het meeste baat bij te hebben is die als een zieke (de mens die onwetend is en lijdt) die luistert naar de dokter (de Boeddha), die hem het medicijn voorschrijft (de dharma), om vervolgens de kuur te volgen (het pad van beoefening), waarbij men zelf het medicijn moet innemen om genezing (verlichting) te verwezenlijken. De Boeddha zei: 'Ik toon je het pad naar verlichting, maar je moet het zelf gaan. De keuze is aan jou.' Het is geen keuze die één keer gemaakt wordt en dat is voldoende. Het is een keuze die een beoefenaar telkens weer moet maken. Iedere dag, ieder uur, iedere seconde en met iedere gedachte en emotie die opkomt tot er zo'n vanzelfsprekendheid optreedt in daad en woord dat er geen sprake meer is van een keuze, maar van het ongedwongen volgen van je natuur.

Voor verschillende mensen van verschillende dispositie heeft Boeddha op verschillende wijze onderricht gegeven en methoden ter beoefening onderwezen. Het onderricht van de Boeddha beslaat een canon van honderden werken met duizenden commentaren, maar toen hij gevraagd werd naar de essentie van zijn onderricht, vatte hij dit in drie regels samen:

> Verricht geen enkele ongezonde of schadelijke handeling.
> Ontwikkel een weldaad aan verdienste.
> Tem of train je geest.
> Dit is het onderricht van de Boeddha.[2]

Er wordt wel gezegd dat deze drie regels de essentie van de drie voertuigen van het boeddhistische pad uitdrukken. Hoewel al deze aspecten in alle drie de voertuigen voorkomen is er een verschil in nadruk. De eerste regel verwoordt het fundamentele boeddhistische principe van non-agressie en geweldloosheid. Begin met niemand, ook niet jezelf, schade toe te richten.

Dat is wel het minste wat je kunt doen en toch al heel wat. Dit is de houding van het *hinayana*, het 'kleine' of beter gezegd het *basisvoertuig*. Dit onderricht is gemeenschappelijk aan alle boeddhistische tradities. De tweede zin verwoordt de houding van het *mahayana*. Het *grote voertuig* heeft de ruime visie van 'leegte', in combinatie met het genereuze hart van liefde en mededogen. De derde zin verwijst naar het *vajrayana*, het *diamanten voertuig*. Op het steile pad van vaardige middelen en wijsheid gaat men na de initiatie door een leraar direct werken met de lumineuze kwaliteit van de geest. De presentatie en beoefening van het onderricht in deze drie voertuigen vormt de leidraad voor dit boek.

We beginnen met het begin: hoe de Indiase prins Siddharta het pad naar verlichting zocht en een boeddha werd. In hoofdstuk drie kijken we naar het eerste dharmaonderricht dat hij gaf over de Vier Edele Waarheden. Het is een compleet onderricht, dat het gemeenschappelijke fundament is van alle boeddhistische stromingen. In hoofdstuk vier wordt het verdere verloop van Boeddha's leven en zijn sterven verhaald en zien we hoe de *Sangha*, de gemeenschap van beoefenaars, ontstond. Na zijn dood ontwikkelden zich verschillende stromingen en verspreidde het onderricht zich. Eerst kijken we in hoofdstuk vijf naar het oudste boeddhisme (hinayana, *Theravada*) dat zich in zuidoostelijke richting verspreidde naar Sri Lanka, Birma, Thailand en zo verder. Daarna verdiepen we ons in hoofdstuk zes in het mahayana, het grote voertuig. Deze creatieve revolutie leidde tot allerlei nieuwe stromingen en scholen, die in China, Korea en Japan weer nieuwe vormen aannamen (hoofdstuk zeven), en naar Tibet ging, waar de vajrayanavariant van het mahayana tot grote bloei is gekomen (hoofdstuk acht).

De historische ontwikkeling van de verschillende voertuigen van het boeddhisme kan worden beschouwd als een spirituele ontwikkeling, van buiten naar binnen, van exoterisch naar meer esoterisch, waarbij de ene fase op de andere verder bouwt. De 'hogere' visies gebruiken daarbij de 'lagere' als basis, maar deze lagere verliezen hun validiteit niet. Zo zegt de Dalai Lama bijvoorbeeld dat hij uiterlijk het hinayana beoefent en het kleed van een monnik draagt; innerlijk de grote geest van wijsheid en mededogen van het mahayana beoefent; en in het geheim de visualisaties en mantra's van het vajrayana praktiseert. In mijn uiteenzetting hoe het boeddhisme zich historisch ontwikkelde en geografisch verspreidde zal ik de drie voertuigen in hun verscheidenheid beschrijven, maar ze ook als een graduele verdieping en verfijning van één boeddhistisch pad toelichten. In het laatste hoofdstuk voor de conclusie van deze notendop bekijken we hoe de laatste jaren de dharma in al zijn facetten steeds meer wortel heeft geschoten in het Westen.

Pas halverwege de negentiende eeuw begon het vermoeden te bestaan dat bepaalde religies die door handelaars en ontdekkingsreizigers in Oost-Azië, India, Tibet, Sri Lanka en Zuidoost-Azië waren ontdekt een gemeenschappelijke kern hadden. Daarmee was het westerse concept 'boeddhisme' geboren. Vele factoren hebben ertoe geleid dat wat eens als exotisch en vreemd werd gezien tegenwoordig deel van ons leven uitmaakt. Niet alleen zijn we door de toegenomen welvaart en de technologische vooruitgang makkelijker in staat de wereld rond te reizen, maar door de ontwikkeling van de media en het ontstaan van de multiculturele samenleving komt de wereld ook naar ons toe. Oude waarden zijn in de tweede helft van de vorige eeuw ter discussie komen te staan of eenvoudigweg losgelaten. De toegenomen rijkdom en morele vrijheid heeft echter niet bij iedereen tot meer levensgeluk geleid. Bij velen heeft een besef van de vlakheid van de vervulling van materiële wensen een verlangen naar verdieping en geestelijke ontwikkeling wakker geroepen. Van oudsher boeddhistische landen zijn door oorlogen verscheurd geraakt en Tibetaanse lama's, Vietnamese monniken en Japanse Zenmeesters zijn over de wereld uitgezwermd. Tegenwoordig spreken ze ons letterlijk in onze eigen taal toe en zijn grote stappen gezet in het vertalen van klassieke boeddhistische teksten in westerse talen, waaronder ook het Nederlands. In het populaire taalgebruik dringen boeddhistische begrippen als karma, Zen, mantra, mandala en nirvana de spreektaal binnen. Het was onvermijdelijk bij het schrijven van dit boekje om niet nog veel meer van dergelijke termen te gebruiken. De meest voorkomende staan in de woordenlijst achterin nog eens uitgelegd.

Het meest herkenbare fenomeen van het boeddhisme is natuurlijk wel het boeddhabeeld. Je komt hem tegenwoordig op de meest verschillende plaatsen tegen: niet alleen in de voorspelbare oosterse winkeltjes en meditatiecentra, maar ook in discotheken, koffieshops, tuincentra, reclamecampagnes, of het restaurant om de hoek. Het beeld is een krachtig icoon en raakt bij velen een gevoelige snaar. De Boeddha zit rustig rechtop met gekruiste benen, onverstoord in een jachtige wereld en lijkt te glimlachen om het werelds bestaan. Het beeld weerspiegelt de essentie van het boeddhisme. Filmsterren, managers, wetenschappers, kunstenaars en therapeuten laten zich tegenwoordig inspireren door de eeuwenoude wijsheid. In de eenentwintigste eeuw ontstijgt de Boeddha langzaamaan het exclusieve milieu van subculturen en beweegt hij zich ook in het hart van de westerse maatschappij. Zijn stilte spreekt meer en meer mensen aan.

2 Boeddha: de weg naar verlichting

Over het algemeen wordt aangenomen dat de Boeddha in het noorden van India leefde van 563 tot 483 voor Christus. Zijn leven is pas honderden jaren later opgetekend. In die tijd was het immers veel minder gebruikelijk om dingen op te schrijven. Het levensverhaal van de Boeddha is in de loop der eeuwen een mix van geschiedenis en legenden geworden en er bestaan binnen het boeddhisme verschillende visies over. Deze hebben onder meer te maken met de taal waarin het onderricht is opgeschreven en doorgegeven. In het Palicanon wordt de Boeddha beschreven als een zeer bijzonder maar toch bij zijn geboorte nog onwetend mens die door eigen inspanningen de verlichting bereikt heeft. Dit is de visie van het basisvoertuig. In het mahayana, dat vooral op Sanskrietteksten is gebaseerd, wordt verondersteld dat Boeddha reeds voor zijn geboorte verlicht was, maar uit mededogen door het proces van ontwaken ging om andere levende wezens de weg te wijzen.

Boeddhistische biografieën zijn verhalen van spirituele bevrijding die dienen ter inspiratie en als voorbeeld voor het eigen leven. Ze zijn mythisch in de zin dat het er voor een boeddhist niet om gaat of het allemaal precies zo gebeurd is, maar dat ze voorzien in een model van gedrag, een inspiratie op het pad. Het levensverhaal van de Boeddha zet wat dat betreft de toon. Het is een vorm van boeddhistisch onderricht waarbij het verhaal de lezer of luisteraar uitnodigt de vorm van het verhaal als een spiegel te gebruiken en naar binnen te kijken om de staat van zijn eigen geest te onderzoeken.

Geboorte en jeugd

De Boeddha werd geboren als prins van de Shakya-clan in een klein staatje in de buurt van Nepal. Toen zijn geest neerdaalde in de baarmoeder van zijn moeder, koningin Maya, droomde zij dat een witte olifant haar lichaam binnenging. Gedurende haar zwangerschap had de koningin geen enkele pijn en was zo vredig en deugdzaam dat ze iedereen in haar omgeving inspireerde tot liefdevol gedrag. Om te bevallen vertrok ze naar haar ouders die regeerden in het naburige koninkrijk. Onderweg stopte ze in het park van Lumbini om te rusten in de schaduw van een boom. Aldaar werd de toekomstige Boeddha geboren. De geboorte was hoogst opmerkelijk. Koningin Maya stond gracieus tegen een tak van een salaboom geleund, toen de kleine jongen vanuit haar zij werd geboren. De pasgeborene stond op en deed enkele passen in de vier windrichtingen om vervolgens te verkondigen dat dit zijn laatste geboorte was. De jonge prins kreeg de naam Siddharta Gautama, hetgeen 'vervuller van wensen' of 'hij wiens doel bereikt wordt' betekent. De jonge moeder stierf al na een week en de prins werd verder door zijn tante opgevoed.

Toen de wijze Asita een bezoek aan de pasgeboren prins bracht, was hij diep geroerd. Met tranen in de ogen deed hij een voorspelling. Hij zag de droom van koningin Maya over de witte olifant als een teken dat de jonge prins ofwel een groot wereldlijk dan wel een groot geestelijk leider zou worden. Wit staat voor zuiverheid en de olifant verwijst naar grote kracht en wijsheid. Koning Suddhodana vroeg waarom Asita weende, waarop de wijze antwoordde dat de prins een boeddha zou worden en hij, Asita, niet het voorrecht zou hebben nog te leven om onderricht van hem te ontvangen. De koning, die meende in zijn zoon eindelijk een troonopvolger te hebben gevonden, was gealarmeerd door de woorden van de wijze. Hij besloot de prins op te sluiten in het paleis en van alle gemakken te voorzien, zodat hij niet gekweld zou worden door het lijden van de wereld en daardoor geïnspireerd zou kunnen worden het geestelijke pad op te gaan.

De vier ontmoetingen

Het plan van vader Suddhodana leek aanvankelijk te lukken. De jeugd van Siddharta in het paleis kenmerkte zich door toernooien in boogschieten, worstelen en hardlopen, waarbij de prins telkens weer zijn opponenten te snel af was. Al snel groeide zijn naam en faam en Siddharta trouwde met de mooie Yasodhara. Samen kregen zij een zoon, Rahula. Toch kon het mooie rijke leven de prins niet bekoren en werd hij nieuwsgierig naar wat zich buiten de paleismuren afspeelde. Viermaal smokkelde de trouwe bediende Chandaka prins Siddharta mee naar buiten.

De eerste maal zag Siddharta een verschrompelde man zich moeizaam voortbewegen. Siddharta vroeg wat er mis met hem was. 'Er is helemaal niets mis met hem,' zei Chandaka, 'hij is gewoon oud.' Op de tweede rit buiten het paleis zag Siddharta een zieke kreunend van pijn en op zijn derde een dode op weg naar de crematie gevolgd door de rouwende familie. Chandaka vertelde de ontstelde prins dat dit het lot is dat uiteindelijk ons allen zal overkomen.

Als kritische luisteraars zouden we het feit dat de intelligente prins die een boeddha zou worden niet in de gaten had dat er zoiets is als ouderdom, ziekte en dood af kunnen doen als ongeloofwaardig en een sprookje. Nadere reflectie leert echter dat we allemaal wel weten dat we eens dood zullen gaan, maar dat, hoewel we dat weten, we er niet bij stilstaan. We laten het niet echt tot ons doordringen en gaan verder met ons leven alsof er nooit een einde aan zou komen. Pas wanneer we aan het ziekbed van een naaste staan of de dood van een vader of moeder onder ogen moeten zien, pas dan, en dan nog misschien maar voor een kort moment, beseffen we de enorme realiteit van de vergankelijkheid en de impact van ziekte en dood. Voor één moment op de crematie zien we dan ook ons eigen leven in een ander perspectief. Maar wisten we niet altijd al dat we sterfelijk waren? Zo bezien zijn de beschrijvingen van de sleutelmomenten in Siddharta's leven geen ongeloofwaardige sprookjes meer, maar vormen ze een onderdeel van een allegorie van bewustwording en spirituele ontwaking die op ieder mens van toepassing zou kunnen zijn.

Op zijn vierde stiekeme tocht buiten de paleismuren zag Siddharta een asceet en raakte diep onder de indruk van zijn serene uitstraling. Hij ondervroeg hem over zijn leven en de asceet vertelde Siddharta: 'Ik ga waar ik wil gaan. Ik woon waar ik me op dat moment bevind: bij een boomwortel, een verlaten tempel, in bergen of bossen. Zonder verwachtingen, banden en verplichtingen zwerf ik rond altijd op zoek naar het allerhoogste.' Siddharta was diep geraakt en het besluit vormde zich in zijn geest om zijn koninkrijk te verzaken en zich volledig aan zijn spirituele roeping te gaan wijden.

Voor vertrek zocht hij nog éénmaal zijn vader op met het volgende verzoek: 'Heer, als u me kunt geven wat ik zoek, zal ik altijd in dit huis blijven wonen en nooit vertrekken. Ik wens dat ouderdom nooit grip op mij krijgt en dat ik altijd de uitstraling van de jeugd zal hebben. Ik zou altijd volkomen gezond willen zijn en nooit door ziekte getroffen willen worden. Ook zou ik willen dat mijn leven eeuwig zal duren en dat de dood mij niet zal overvallen.' De vader, koning over zijn rijk, voelde zich machteloos en door zorgen overmand sprak hij: 'Zoon, deze dingen kan ik je niet geven. Zelfs de wijzen die eeuwenlang leven zijn niet vrij van de angst voor ouderdom, ziekte, dood en ongeluk.' Opnieuw poogde de koning zijn zoon te behoeden voor het euvel van de wereld, maar de jonge prins was uit zijn roes ontwaakt en overal waar hij keek zag hij lijden. Bij de aanblik van zijn vrienden, die in de luxe van het paleis zwolgen, klaagde hij: 'Deze onwetenden zijn als gevangenen die ter dood zijn veroordeeld. Ze gooien zich als motten in de vlammen en worden gevangen als vissen in een net.' Siddharta weigerde zich neer te leggen bij het idee dat de werkelijke betekenis van leven en dood voorbij de menselijke kennis zou liggen en nam het grote besluit het paleis en de weelde achter zich te laten en het leven van een asceet op zoek naar de waarheid te gaan leiden.

Na nog eenmaal een blik op zijn slapende vrouw en kind geworpen te hebben verliet Siddharta samen met zijn bediende Chandaka in het holst van de nacht het paleis en trok te paard de bossen in. Op een stille plek aangekomen sneed hij tot ontsteltenis van Chandaka zijn prachtige lange haren af ten teken van onthechting. Hij stuurde de tegenstribbelende bediende met de paarden terug naar huis om de familie mee te delen dat ze niet moesten treuren, omdat hij verlichting zou bereiken en terug zou keren met het onderricht dat een einde aan het lijden brengt. Vervolgens verruilde Siddharta zijn koninklijk gewaad met de kleren van een bedelaar die zich de prins te rijk gewaand moet hebben. Zo ging Siddharta alleen op pad, vastberaden en in daadkracht gesterkt nu hij het leven van prins achter zich had gelaten. Deze bijzondere daad van het opgeven van het prinselijk leven in het paleis staat in de boeddhistische literatuur bekend als De Grote Onthechting.

Leven als asceet

Het leven dat de negenentwintigjarige voormalige prins nu ging leiden verschilde volkomen van zijn oude leven. Net als andere zwervende *shramana's* ging hij in de leer bij meditatiemeesters. Al snel maakte hij zich de verschillende technieken eigen die in die tijd gebruikelijk waren en overtrof hij de één na de andere leraar. Deze gingen Siddharta ofwel als gelijke dan wel als hun eigen leraar beschouwen. Reeds in deze periode wist Siddharta mensen tot devotie te inspireren. Zo was Bimbisara, de koning van Magadha, zo onder de indruk van de shramana dat hij hem zijn koninkrijk aanbood. Siddharta had hier echter geen behoefte aan. Hij had immers net een koninkrijk opgegeven. Dus dat schoot niet op.

Zes jaar trok Siddharta rond en hoewel hij het gevoel had dat hij dingen leerde, merkte hij toch dat het geluk dat hij vond van voorbijgaande aard was en niet tot de ultieme bevrijding leidde. Samen met vijf compagnons gaf hij zich over aan extreme ascese, maar ook dit leidde niet tot het gewenste resultaat. Toen herinnerde hij zich hoe hij als kleine jongen in het veld had gezeten en spontaan in een staat van meditatieve concentratie was geraakt. Nu wist hij: 'Dit is het pad van verlichting dat leidt tot het verdwijnen van de misère van geboorte, ouderdom, ziekte en dood.'

Op dat moment werd hij benaderd door een jonge vrouw die hem gekookte rijstepap aanbood. Deze Sujata was net bevallen van een zoon en kwam dank brengen aan de bosgeesten waartoe zij gebeden had met de vurige wens een kind te krijgen. Uit dank had ze het beste voedsel klaargemaakt. Toen ze de uitgemergelde Siddharta onder een boom zag zitten, herkende ze hem niet als een mens van vlees en bloed, maar meende de bosgeest voor zich te hebben. Siddharta realiseerde zich nu dat hij groot fysiek uithoudingsvermogen nodig zou hebben om zijn doel te bereiken en accepteerde de offerande. Zijn vijf metgezellen waren vol walging over deze daad van verraad en verlieten de edele zoeker. Siddharta voelde zich echter gesterkt en ontdekte de middenweg tussen extreme ascese en overdadige luxe. Een paar kilometer buiten Gaya ging hij onder een boom zitten, die bekend zou komen te staan als de bodhiboom, en maakte zich een comfortabele zitplek van kushigras. Vrij van de ambitie dat het doel dat hij wilde bereiken geforceerd zou kunnen worden door uiterlijke middelen als ascese en in de herkenning dat de verlichte staat reeds diep in hem aanwezig was, legde hij de gelofte af niet verder te trekken voor hij volledige verlichting had gerealiseerd: 'Hier op deze plek gezeten zou mijn lichaam kunnen verschrompelen, mijn huid, mijn beenderen en mijn vlees oplossen, maar dit lichaam zal zich niet van deze plaats bewegen totdat ik de zo moeilijk te verwerkelijken verlichting gerealiseerd heb.'

Confrontatie met Mara

De verhalen over het leven van de Boeddha vertellen hoe Mara, de heer van illusie, werd uitgedaagd door de kracht en oprechtheid van dit moedige besluit. Eerst kwam hij met zijn heerschare van woeste krijgers om Siddharta angst aan te jagen, maar Siddharta bleef onbewogen. Daarna bracht hij zijn meest charmante dochters om hem te verleiden. In zijn wijsheid doorzag Siddharta echter de woeste demonen en verleidelijke godinnen als projecties van zijn eigen geest. Honger, dorst, sensuele hunkering, ontevredenheid, lethargie, hoop, angst, twijfel, hypocrisie, en alle mogelijke vormen van eigenwaan verloren hun grip op hem. De wapens, die op hem afgeschoten werden, transformeerden zich in bloemen. De aantrekkelijkheid van fysieke schoonheid verschrompelde in het licht der vergankelijkheid. Voor- en afkeur losten in de meditatie op in het Zicht van de Grote Gelijkmoedigheid. Ten slotte verscheen Mara zelf als de weerspiegeling van Siddharta's illusoire 'ik' en confronteerde hem direct van aangezicht tot aangezicht met een laatste poging twijfel te zaaien in Siddharta's geest. Welk recht op verlichting meende hij zich eigenlijk aan te meten? Siddharta raakte daarop onverstoorbaar en vol vertrouwen met zijn rechterhand de aarde aan en zei: 'De aarde is mijn getuige.' Ontkracht en niet meer gevoed door illusoire denkbeelden loste Mara spontaan op, de lucht klaarde en in de helderheid die daagde bereikte Siddharta's queeste zijn culminatie in de volkomen realisatie van de ware natuur van zijn geest. Gelijktijdig met het wegvallen van de illusies van het ego, het grijpen naar een zelf, kreeg zijn verlichte natuur de kans zich te manifesteren.

Verlichting

Die nacht begreep Siddharta de wetten van oorzaak en gevolg en zag hij hoe levende wezens in een eindeloze cyclus van geboorte, dood en wedergeboorte opgesloten zitten. Hij zag zijn vorige levens en die van alle wezens, hij doorzag het spel van karma, de oorzaken en condities van lijden, en zag de manier om hier een einde aan te maken. Met de komst van de dageraad verdwenen ook de meest subtiele obstakels en verkreeg hij een staat van alwetendheid. Hij ging voorbij lijden een toestand van vrede in en werd een volledig ontwaakte, een 'boeddha'. Er wordt verteld in de *soetra's* dat de aarde beefde, de donder rolde, dat regen uit een wolkenloze hemel viel en bloesems neerdaalden. Voor één tijdloos moment kenden alle levende wezens vrede en was er niemand onder de invloed van begeerte, agressie of de verdwaasdheid van hun eigenwaan. De goden uit de hemelen brachten eer aan Siddharta, nu de Boeddha, en zongen zijn lof in een polyfonie van gelukzalige extase. De Vietnamese meester Thich Nhat Hanh beschrijft het als volgt:

> Gautama had het gevoel alsof een gevangenis, waarin hij duizenden levens lang opgesloten had gezeten, was opengebroken. Onwetendheid was de bewaker van de gevangenis. Door onwetendheid was zijn geest verduisterd, zoals donkere wolken de hemel verduisteren en de maan en de sterren aan het zicht onttrekken. Beneveld door eindeloze golven verwarde gedachten had de geest de wereld ten onrechte verdeeld in subject en object, zelf en anderen, bestaan en niet-bestaan, geboorte en dood, en uit dit onderscheid maken ontstonden verkeerde zienswijzen – de gevangenissen van gevoel, verlangen, grijpen en worden. Het lijden van geboorte, ouderdom, ziekte en dood maakten de gevangenismuren alleen maar dikker. Het enige wat je kon doen was de cipier pakken en hem ontmaskeren. De cipier was onwetendheid... Zodra de cipier weg was, zou de gevangenis voorgoed verdwijnen.[3]

De diverse teksten en boeddhistische tradities geven op eigen wijze de manier weer waarop Boeddha uitdrukking gaf aan zijn inzicht op het moment van zijn verlichting. In tradities van het basisvoertuig, zoals de Theravada, die zich op het Palicanon baseren, wordt de bevrijding uit de cyclus van dood en wedergeboorte door Boeddha's overwinning op ego's negatieve emoties en concepten benadrukt. Zo lezen we in de *Dhammapada*, een van de oudste en meest populaire teksten, dat de Boeddha op het moment van zijn verlichting uitroept:

> Vele levenscycli ben ik tevergeefs rondgegaan in de cycli van samsara om de bouwer te vinden van het huis van leven en dood. Hoe treurig is het telkens weer herboren te worden! Maar nu heb ik u gezien, huizenbouwer; nimmer meer zal je dit huis bouwen. De balken (negatieve emoties) zijn gebroken, de stutpaal (onwetendheid) is ver-

nietigd. De koorts (begeerte) is uitgedoofd. Mijn geest heeft de vreugdevolle staat van ongeconditioneerd, grenzeloos nirvana bereikt.[4]

Volgens mahayanabronnen, die zich meer op Sanskrietteksten, zoals de *Prajnaparamita in 8000 verzen* baseren, sprak de Boeddha de fameuze woorden:

De geest is verstoken van geest
Want de natuur van de geest is helder licht.

De Dalai Lama vertelt dat volgens zijn leraren in de eerste zin 'de geest' verwijst naar het onderricht over de Vier Edele Waarheden dat de Boeddha tijdens de 'eerste draaiing van het wiel van de leer' heeft gegeven. 'Is verstoken van geest' verwijst naar het onderricht over leegte dat de Boeddha tijdens de 'tweede draaiing van het wiel van de leer' heeft gegeven. 'De natuur van de geest is helder licht' verwijst naar het onderricht over de boeddhanatuur dat de Boeddha tijdens de 'derde draaiing van het wiel van de leer' heeft gegeven en dat tevens de basis vormt voor het vajrayanaonderricht. Zo omvat deze ene zin het gehele onderricht van de Boeddha en alle voertuigen van het pad. Volgens het vajrayana getinte Tibetaanse canon ten slotte gaf de Boeddha direct uitdrukking aan zijn verlichte staat van geest met de woorden:

Diepzinnige vrede, natuurlijke eenvoud,
Niet samengesteld, lichtstralende helderheid,
Voorbij de geest van conceptuele denkbeelden;
Dit is de diepte van de geest van de boeddha's.

Het wiel van de leer wordt in beweging gezet

Zeven weken verbleef de Boeddha onder de bodhiboom in Bodh-Gaya. Aanvankelijk wist hij niet of hij het inzicht dat hij had verworven zou kunnen delen. 'De dharma is te diepzinnig en te moeilijk om te onderwijzen. Het gaat volkomen in tegen de halsstarrige en allesdoordringende waanzin van alledag. In essentie is het voorbij gedachten en concepten en zelfs voor wijzen te verfijnd om te begrijpen. Een wereld die zo verstrikt is in gehechtheid, en zo gewend te leven in gewoontepatronen van lust en agressie, heeft te veel stof in de ogen om de waarheid te zien waar het zich van verbergt.' Aldus concludeerde de Boeddha om geen les te geven en rustig in meditatie te blijven zitten.

Een kritiek moment in de geschiedenis van het boeddhisme. Immers, als een boeddha de dharma niet onderwijst, sterft het onderricht uit. Er wordt verhaald hoe, bewust van wat er in de Verlichte omging, Brahma, de hoogste god uit het hindoepantheon, de Boeddha verzocht om niet passief in nirvana te verblijven. 'Als je lesgeeft, zul je ontelbare wezens uit de cyclus van lijden bevrijden.' Door compassie bewogen besloot de Boeddha toen om toch dharmaonderricht te gaan geven. Nog steeds is het in veel boeddhistische tradities de gewoonte dat de leerling de leraar eerst formeel om onderricht verzoekt. Op deze manier wordt een karmische link geschapen tussen de leerling en de meester. De leerling opent zich met zijn vraag en de leraar geeft het medicijn dat de leerling nodig heeft; overdracht kan alleen dan plaatsvinden. In de geschiedenis van het boeddhisme vinden we de schroom die de Boeddha ondervond om les te gaan geven vaker terug bij de meesters dan een sterke missiedrang. Natuurlijk is er de wens om de dharma te verspreiden en levende wezens te helpen, maar dit gaat gepaard met het besef dat het geheel zinloos is om iemand tegen zijn zin dharma te laten beoefenen. Dat is eigenlijk onmogelijk. De beoefening van de dharma is al moeilijk genoeg, zelfs als je niets liever wil.

Na zijn verlichting wilde Boeddha eerst zijn vroegere leermeesters gaan opzoeken. Zij waren immers reeds gevorderd op het pad en zouden wellicht eerder in staat zijn de waarheid te verstaan dan anderen. In zijn alwetendheid zag hij echter dat deze inmiddels waren overleden. Dan gaat hij op weg om zijn oude makkers te zoeken, die hem eerder hadden verlaten en hem een verrader hadden genoemd. Bij hun ontmoeting in het Hertenpark van Benares, het tegenwoordige Varanasi, vertrouwden de vijf asceten de Boeddha niet onmiddellijk, maar ze zagen toch dat hij veranderd was en de kracht van zijn liefdevolle aanwezigheid maakte dat ze zich rond hem schaarden en gingen luisteren. De Boeddha geeft dan zijn eerste onderricht over de Vier Edele Waarheden en zette daarmee het wiel van de dharma in beweging. Wanneer uit de reacties van zijn eerste toehoorders blijkt dat de Boeddha in staat is zijn inzicht over te dragen is in feite het boeddhisme geboren.

3 Dharma: het eerste onderricht – de Vier Edele Waarheden

De Vier Edele Waarheden vormen tot op de dag van vandaag de essentie van de dharma voor alle verschillende boeddhistische stromingen. Ze zijn:

De edele waarheid van lijden.
De edele waarheid van de oorzaak (van lijden).
De edele waarheid van het ophouden (van lijden).
De edele waarheid van het pad (dat leidt naar het ophouden van lijden).

Dat wil zeggen:

Herken lijden.
Elimineer de oorzaak van lijden.
Realiseer het ophouden van lijden.
Beoefen het zuivere pad van het ophouden van lijden.

De Dalai Lama zegt over dit onderricht: 'Het geeft de blauwdruk van het gehele boeddhistische denken en de beoefening ervan. Het schetst het fundamentele raamwerk van de weg naar verlichting voor het individu.'[5] Iedereen zoekt geluk en wil lijden overwinnen. Het is een aangeboren wens die we allemaal hebben en volkomen in overeenstemming met onze natuur. Geluk en lijden staan echter niet op zichzelf. Ze ontstaan in een spel van oorzaken, condities en wederzijds afhankelijke verschijnselen. In de Vier Edele Waarheden wordt deze causaliteit uitgelegd. Je kan ze begrijpen in twee paren causale relaties. Gevolg en oorzaak van lijden: het leven in samsara; en gevolg en oorzaak van geluk: het realiseren van nirvana.

> Net zoals ziekte gediagnosticeerd, haar oorzaak verwijderd, een gezonde staat bereikt en de remedie toegepast dienen te worden, zo dienen ook lijden, de oorzaken, het ophouden en het pad gekend, verwijderd, bereikt en ondernomen te worden.[6]

Beoefening: Herken lijden

Vaak wordt gedacht dat het boeddhisme alleen maar over lijden gaat en daarom een hele negatieve kijk op het leven heeft. Niets is minder waar. De contemplatie op lijden dient gezien te worden in het perspectief dat je er vrij van kan worden. Als je er niet vrij van zou kunnen worden, zou de contemplatie op lijden in het geheel geen zin hebben. Je zou er alleen maar zwaarmoedig en pessimistisch van worden en dus zou het alleen maar meer lijden teweegbrengen. De Boeddha wijst op een weg uit het lijden. Om die te vinden heeft het geen zin dit lijden te ontkennen, te vergeten of proberen weg te duwen. Hoe meer inzicht we in ons lijden hebben des te groter wordt de motivatie om er vrij van te worden. Om het lijden te transformeren en er echt vrij van te worden moet je het eerst herkennen, dan accepteren en uiteindelijk zelfs verwelkomen.

Misschien denken we dat we een vrij goed leven hebben en niet echt lijden, maar als we er stil bij staan en het gaan onderzoeken zien we overal pijnlijke situaties. De eerste stap op weg naar vrijheid is de realisatie van onvrijheid. Zolang we worden geleefd door omstandigheden en de grillen van onze geest zijn we niet vrij, maar zijn we voor ons geluk afhankelijk van anderen. Deze situatie is onstabiel. Blijvend geluk is niet mogelijk en lijden ligt constant op de loer. Boeddha zegt dat als we niet herkennen dat het leven in samsara niets anders dan lijden is, dat we niet de inspiratie zullen hebben om het spirituele pad te gaan beoefenen. Wanneer we ziek zijn, moeten we goed onderzoeken aan wat voor ziekte we precies lijden anders kunnen we niet bepalen wat de juiste kuur voor ons is. Daarom wordt eerst begonnen met een uitvoerige diagnose van de situatie waarin we zitten.

Het woord *duhkha* dat normaal met 'lijden' vertaald wordt, zou je ook kunnen vertalen als 'frustratie', 'irritatie', of 'ontevredenheid'. Een dergelijke vertaling brengt het onderricht voor ons westerlingen meteen een stuk dichterbij. Bij het woord 'lijden' denken we mogelijk aan een tsunami, hongersnood of zware ziekten en wanneer we daar niet door getroffen worden, denken we misschien dat we niet echt lijden. Wanneer we echter naar onze geest in het leven van alledag kijken dan zien we een onnoembaar aantal kleine en grote irritaties en frustraties door de hele dag heen. We missen de bus, morsen thee op een schone broek, krijgen een scherpe e-mail van een collega en trappen in de hondenpoep. Speelt onze club eindelijk weer eens goed, krijgen ze in de laatste minuut een strafschop tegen. In het onderricht worden allerlei soorten lijden onderscheiden, waarvan we sommige makkelijk kunnen herkennen en andere meer subtiel zijn. De rode draad is angst: angst voor het leven, angst voor de dood; angst voor bestaan, angst voor niet-bestaan; angst voor verlies, angst te krijgen wat we niet hebben willen. Angst is lijden. De angst in de ogen kijken is de waarheid van het lijden contempleren. Voor het spirituele pad is veel moed nodig.

De zes werelden van wedergeboorte in samsara

In de boeddhistische kosmologie worden drie dimensies in samsara onderscheiden. De dimensie van begeerte, de vormdimensie en de vormeloze dimensie. Het beste kunnen deze begrepen worden als bewustzijnsstaten. De dimensie van vorm en de vormeloze dimensie verwijzen naar hogere staten van meditatie, die echter nog niet geheel vrij zijn van samsara. Het betreft hier subtiele staten van bewustzijn waar nog gehechtheid is aan bepaalde realisaties of innerlijke staten van gelukzaligheid. In de dimensie van begeerte is de ervaring van dualiteit en illusie veel grover. Deze dimensie wordt onderverdeeld in zes werelden bevolkt met wezens die lijden en doelloos van de ene wereld naar de andere transmigreren in een eindeloze opeenvolging van geboorten: hel, hongerige geesten (*preta's*), dieren, mensen, halfgoden (titanen) en goden.

In geen van deze werelden, ook in de hellen en de godenwerelden niet, zit je voor eeuwig vast. Iedereen verblijft slechts tijdelijk in een bepaalde hoedanigheid tot het bepaalde karma van die specifieke wedergeboorte uitgeleefd is. Dan sterf je en word je in een andere gedaante in een andere wereld weer opnieuw geboren. Al deze werelden worden gekleurd door een bepaalde emotie, die de staat van bewustzijn van de wezens die erin leven karakteriseert: agressie in de hel, begeerte bij de hongerige geesten, domheid bij de dieren (zij laten zich door anderen gebruiken), gehechtheid bij de mensen, jaloezie (op de goden) bij de halfgoden en trots bij de goden. Wedergeboorte wordt bepaald door karma en de staat van geest waarin je sterft. Als je vervuld van een van deze emoties sterft, heb je kans dat je in die wereld wedergeboren wordt. De vraag of deze werelden nu 'werkelijk' bestaan of niet doet er in het boeddhisme eigenlijk niet toe. Men stelt immers dat alle waarneming uiteindelijk een illusie is en een projectie van de geest. Deze werelden worden dus als net zo echt of onecht beschouwd als de wereld waarin we nu leven. Kennen we allemaal niet het gevoel 'door de hel te zijn gegaan', of 'in de zevende hemel' te zijn? Al deze werelden, ook de godenwereld (die vakantie op het strand van de Bahama's!), zijn vergankelijk en worden gekenmerkt door lijden (die vakantie ging weer voorbij).

De drie vormen van lijden

Er worden in het boeddhisme drie basisvormen van lijden onderscheiden. Het *lijden aan het lijden*: dit is het overduidelijke lijden, aan bijvoorbeeld een ziekte, dat iedereen herkent. Het *lijden aan verandering* heeft betrekking op gelukkige omstandigheden, die echter relatief zijn en daarom in lijden omslaan wanneer ze voorbij zijn. En het *allesdoordringende lijden* van geconditioneerd bestaan: zolang we in onwetendheid leven, leven we onder invloed van illusie en wordt het bestaan gekenmerkt door lijden. Eenvoudig gezegd laat deze onwetendheid zich vertalen als: uit alle macht proberen gelukkig te worden, maar toch telkens weer lijden tegenkomen. Er moet dus wel iets zijn wat we niet weten.

De boeddhistische geschriften stellen dat zelfs dieren een natuurlijke wens hebben het lijden aan het lijden te overwinnen. De aspiratie om jezelf van het lijden aan verandering te bevrijden zien we ook terug in niet-boeddhistische paden waar innerlijke rust door het verblijven in meditatie gezocht wordt. De oprechte aspiratie om volledige bevrijding van samsara te bereiken kan echter alleen opkomen door herkenning van de derde vorm van lijden, het allesdoordringende lijden van geconditioneerd bestaan, waarbij gerealiseerd wordt dat zolang we onder invloed van onwetendheid zijn we het lijdend voorwerp zullen blijven en er geen ruimte voor blijvende vreugde en geluk zal zijn. De herkenning van dit derde niveau van lijden is iets specifiek boeddhistisch.

De eerste vorm van lijden, het lijden aan het lijden, is het makkelijkste te herkennen en wordt weer opgedeeld in verschillende onderdelen. We moeten allemaal deze onprettige ervaringen ondergaan. Ze behoren tot de basiscondities van het leven. Boeddha noemde in de *Soetra over de Vier Edele Waarheden* de 'vier grote stromen van lijden': geboorte, ouderdom, ziekte en dood:

Geboorte is een bron van lijden: Het brengt pijn voort en een schok voor lichaam en geest met het scheppen van de condities voor de kwellingen van honger, dorst en vele andere ongemakken.

Ouderdom is een bron van lijden: Als we jong zijn is het lichaam een bron van genot, maar naarmate we ouder worden wordt het problematischer. We zien ons lichaam en leven desintegreren, vrienden en familie vallen weg en aan het eind verblijven we tussen verlangen naar de dood en angst voor wat deze zal brengen. Hoewel onze maatschappij betere medische voorzieningen kent dan ooit is het lijden van het ouder worden toch voor velen een probleem: je hoort er al snel niet meer bij en telt niet meer mee.

Ziekte is een bron van lijden: Wanneer we ziek zijn worden we moe, hulpeloos en vaak onprettig in de omgang. Vitaliteit en enthousiasme nemen af en we worden gekweld door fysieke pijn; ons verdriet wordt geïntensiveerd door zorgen waar deze pijn toe leidt en waarvan ze een indicatie zou kunnen zijn.

Dood is een bron van lijden: We moeten het onbekende totaal alleen in de ogen kijken. We weten bovendien niet wanneer dit moment zal plaatsvinden, of we er nou klaar voor zijn of niet.

Lijden dat voortkomt uit associatie met wat we onprettig vinden: Er is altijd de mogelijkheid dat we vervelende mensen of vijanden tegenkomen, of taken moeten verrichten waar we een hekel aan hebben. Hoe rijk we ook zijn en hoe we ons leven ook trachten in te richten om dit te vermijden, we hebben geen garantie dat we onwenselijke toestanden kunnen voorkomen.

Lijden dat voortkomt uit het verstoken zijn van wat we hebben willen: Hoezeer we ook gezegend zijn met goede vriendschappen of een gelukkig familieleven uiteindelijk brengt de dood ze tot een einde. Gepassioneerde of romantische liefde brengt de pijn van jaloezie in het vizier, en gehechtheid aan je kinderen neemt altijd zorgen met zich mee. Wanneer we succes hebben, komen we overal vrienden tegen, maar bij tegenslag staan we meestal alleen.

Lijden dat voortkomt uit zowel het verkrijgen van wat we wensen als het niet verkrijgen ervan: Iedereen verlangt naar vrede, gemak en geluk. Wanneer we dit ontberen, dan lijden we, maar wanneer we ze hebben, zijn we bang ze te verliezen. Uiteindelijk zullen we ze verliezen, want, zo wordt in het boeddhistisch onderricht gesteld, alleen verlichte boeddha's kunnen voortdurend in vrede, comfort en geluk leven, omdat voor hen dit niet afhankelijk is van uiterlijke omstandigheden als leven en dood. Wat we ook proberen, we kunnen ons geluk niet op een gewone wijze garanderen. Als we dan eindelijk hebben wat we hebben willen ligt de vergankelijkheid op de loer, het lijden aan verandering. Vergankelijk genot verdwaast ons en vervult ons nooit voor lang, telkens weer is er de dorst naar meer.

Lijden dat voortkomt uit geconditioneerd bestaan: Dit lijden ontsnapt normaal gesproken aan onze aandacht. Het is de meest subtiele en tevens de meest fundamentele vorm van lijden die de basis vormt van alle andere vormen van lijden en daarmee ook de sleutel in het transformatieproces van verwarring naar wijsheid, passie in compassie, en pijn in gelukzaligheid. Het verwijst naar de verwerking van onze ervaring in een illusoire en totaal op onszelf gerichte manier. Deze manier van waarnemen en ervaren beperkt onze geest in grote mate, maar we hebben het meestal niet in de gaten. In het onderricht wordt gesteld dat slechts gevorderden op het pad de sensitiviteit hebben om dit lijden te zien voor wat het is. Wanneer onze gewoontepatronen van ervaring en automatische percepties zich voor een enkel moment openen, kunnen we een glimp opvangen van de beperkingen van geconditioneerd bestaan. Dit kan een grote inspiratie zijn voor het ter harte nemen van het onderricht en het betreden van het pad naar het ophouden van het lijden.

De contemplatie op het lijden in samsara is geenszins een morbide zaak. Het is geen ontkenning van het leven en het wil zeker ook niet zeggen dat je niet van het leven zou kunnen of 'mogen' genieten. Het is niet zo dat gezegd wordt dat léven lijden is, maar leven in *samsara* is lijden. Vaak wordt samsara niet herkend en wordt tijdelijk geluk verward met werkelijk geluk. Het gevolg van deze illusie is dat vroeg of laat een pijnlijke ontgoocheling plaats zal vinden. Daarom is contemplatie op het lijden in samsara belangrijk. Wanneer je ziet hoe emoties en het spel van hoop en vrees met pijn en frustratie doordrongen zijn, stimuleert het tot loslaten van de oorzaken. Wanneer we zien hoe anderen lijden stimuleert dit om de fixatie op onszelf los te laten en aan anderen te denken. Het doel is dus tweeledig.

Hoewel het pijnlijk is, is lijden niet goed of slecht. In het boeddhisme tracht men zich van lijden te bevrijden door het eerst te herkennen als een bijverschijnsel van geconditioneerd bestaan. Na het herkennen is er vervolgens het accepteren en om de angst en de angel van het lijden er helemaal uit te halen is er ten slotte het verwelkomen van lijden. Wanneer een beoefenaar in staat is lijden te verwelkomen is dat een teken dat het reeds minder grip op hem heeft. Vreemd genoeg is het die houding van angst voor lijden die ons extra doet lijden. Zolang we lijden kost wat kost trachten te vermijden, geven we het als het ware kracht over ons. We kunnen dan ook niet helder kijken naar waar het lijden vandaan komt. Nu we gewaar zijn van de allesdoordringende kwaliteit van lijden zijn we in staat om de oorzaak ervan te onderzoeken.

2 DE EDELE WAARHEID VAN DE OORZAAK VAN HET LIJDEN

Beoefening: Elimineer de oorzaak van lijden

Wanneer we ziek zijn en de oorzaken van die ziekte kennen, dan kunnen we wat die ziekte veroorzaakt proberen te vermijden of een tegengif innemen. Als we de oorzaak van het lijden zouden kennen, dan zouden we in principe ook het lijden kunnen wegnemen. De Boeddha wijst naar de oorsprong van het lijden; de Dharma is het middel om onze ervaring te onderzoeken naar de werking van deze oorzaken; de Sangha demonstreert middels voorbeeld dat de oorzaken van lijden ook inderdaad verwijderd kunnen worden. Het grote inzicht van de Boeddha betreft het zien van onwetendheid als oorzaak van lijden. Uit onwetendheid over wie we in werkelijkheid zijn klampen we ons vast aan een vals zelfbeeld dat niet strookt met de werkelijkheid. Deze discrepantie schept telkens weer pijnlijke situaties.

De vijf skandha's

Onwetendheid over de natuur van hun geest maakt dat levende wezens hun projecties van de wereld als werkelijk bestaand aannemen en slachtoffer van hun eigen creaties worden. De verschillende stappen in het projectieproces gaan voor het dagelijks bewustzijn zo snel dat ze zich tot een eenheid verdichten en gelijktijdig lijken te gebeuren. Impulsen, gedachten, emoties, waarnemingen en interpretaties lokken elkaar uit en volgen elkaar razendsnel op. Zo wordt een subjectieve interpretatie tot een vanzelfsprekende aanname. De evolutie van een egocentrische staat van zijn, het projectieproces, waarmee ego naar zichzelf grijpt en zijn illusoire wereld schept, wordt in de *Abhidharma*-filosofie in termen van vijf *skandha's* of psychofysische componenten geanalyseerd:

1 *Vorm* (rupa) verwijst naar lichamelijkheid en omvat been, vlees en bloed van levende wezens.
2 *Gevoel* (vedana) is de mentale factor die pijn, genot of neutrale gevoelens ervaart.
3 *Perceptie* (samjna) is de mentale factor met de functie het ene object van het andere te onderscheiden.
4 *Conceptformatie* (samskara) refereert aan de conditionerende factoren en denkbeelden over jezelf en de wereld die de karmische visie van een individu vormgeven. Het omvat intentionele impulsen, die de aandacht van de geest naar een object leiden of de aandachtsfocus juist wijzigen.
5 *Bewustzijn* (vijnana) is de 'kenner' die zich altijd situeert in het dualistische proces van subject en object. Dit is geen eenheid maar wordt onderverdeeld in zessen; oor-, oog-, reuk-, smaak-, tast- en een mentaal bewustzijn.

Wat we 'ego' of 'ik' noemen is in de visie van de Abhidharma onder te verdelen in deze vijf bewustzijnsaggregaten. Het is geen statisch iets, maar een proces van bewustwording gebaseerd op een dualistische zienswijze waarbij waarneming gesplitst wordt in subject, object en actie. De eerste component *vorm* (rupa) is het begin van individualiteit en een schijnbaar onafhankelijk bestaan, het begin van de scheiding van subject en object. Er ontstaat nu een soort zelf*gevoel* dat reageert op een externe wereld met instinctieve reacties van voor-, afkeur of onverschilligheid (vedana). Dit soort primaire emotie wordt complexer naarmate de zichzelf centraliserende intelligentie actiever onderscheid gaat maken in het *waarnemen* van stimuli uit binnen- of buitenwereld en de onmiddellijke respons daarop (samnja). De vierde component *conceptformatie* (samskara) omvat de intellectuele en emotionele activiteit van interpretatie. Het brengt alles samen en bouwt de patronen van de persoonlijkheid en het karma op. Hier komt ook de motivatie waarmee men denkt, handelt en waarneemt in het spel, de wil waarmee we ons lichaam, spraak en geest richten. Uiteindelijk is er dan het *bewustzijn* dat de zintuiglijke waarnemingen combineert met de denkende geest (vijnana). Zo bouwt ego zijn eigen universum. Men wordt zich halfbewust van een vage vorm, ontwikkelt er een gevoelsrelatie tegenover zodat ze duidelijker gestalte krijgt, benoemt en interpreteert deze vanuit een conceptueel kader en wordt zich dan uiteindelijk de vorm geheel bewust.

In plaats van te zien wat is, projecteert ego op deze wijze zijn eigen versie van de wereld om zich heen. Kennis over de vormen die verschijnen wordt vertekend door dualistische waardeoordelen als mooi-lelijk, goed-slecht, prettig-vervelend al naar gelang het gevoel dat op de vorm geprojecteerd wordt. Het door emoties en concepten gestuurde waarnemingsproces gaat zo snel dat het lijkt alsof de indruk die men van de vorm in het bewustzijn krijgt de werkelijkheid is. In relatie tot de waarneming van objecten ontstaat het idee alsof er een continu subject is, een 'ik': enkelvoudig, permanent en onafhankelijk. In de boeddhistische analytische meditatie tracht men te onderzoeken of dit veronderstelde 'ik' of ego wel een basis in de werkelijkheid heeft. In de analyse wordt onderzocht: Ben ik mijn lichaam? Mijn hoofd? Hand? Gevoel? Waarneming? Concepten? Bewustzijn? Is dit enkelvoudig, permanent, en onafhankelijk? De analyse is een proces waar iedere individuele beoefenaar voor zichzelf doorheen moet gaan. Vaak gebeurt dit als een gestructureerde analytische meditatie gedurende een retraite, maar het is ook een proces van zelfonderzoek dat pas stopt als volledig inzicht bereikt is. De antwoorden die hij of zij vindt moeten niet alleen met het intellect, maar met het hele wezen gerealiseerd worden. Uiteindelijk leidt de analyse tot de slotsom van de Drie Kenmerken, ook wel Vier Wetten van Dharma genoemd, waarin de fundamentele boeddhistische visie gecondenseerd is.

De Vier Wetten van Dharma

I Alle samengestelde verschijnselen zijn vergankelijk.
II Al het onzuivere en corrupte is lijden.
III Alle dingen zijn leeg en zonder zelf.
IV Nirvana is vrede.

In de *Anguttara Nikaya* wordt hierover gezegd:

> Of de boeddha's nu in de wereld verschijnen of dat de boeddha's niet in de wereld verschijnen, het blijft een feit, een onveranderbare conditie van bestaan en een eeuwige wet, dat alle samengestelde verschijnselen vergankelijk (...) in hun aard lijden (...) en zonder zelf zijn.[7]

En in de *Dhammapada* zegt de Boeddha:

> Alle samengestelde (geconditioneerde) dingen zijn vergankelijk. Wanneer je dit werkelijk begrijpt, zal je niet langer door lijden gekweld worden. Dit is het pad van zuiverheid.
>
> Alle samengestelde (geconditioneerde) dingen zijn lijden. Wanneer je dit werkelijk begrijpt, zal je niet langer door lijden gekweld worden. Dit is het pad van zuiverheid.
>
> Alle samengestelde (geconditioneerde) dingen zijn zelfloos. Wanneer je dit werkelijk begrijpt, zal je niet langer door lijden gekweld worden. Dit is het pad van zuiverheid.[8]

I Alle samengestelde verschijnselen zijn vergankelijk

Samengesteld (*samskrta*) wil zeggen geproduceerd, verzameld, niet uit één stuk. Alle samengestelde dingen verschijnen afhankelijk van oorzaken en condities. Ze kunnen in kleinere delen gedeeld worden en zijn daarom voorwerp van disintegratie en verval. Met het verloop van de tijd lijken dingen slechts een eenheid zolang aan bepaalde condities voldaan wordt. Een huis is slechts een huis zolang de stutbalken het dak kunnen dragen. Begeven de balken het door ouderdom of een aardbeving, dan verandert het huis in een ruïne en wordt het onbewoonbaar. Het voldoet niet meer aan de condities om als huis te functioneren. Rijkdom, jeugd, en zelfs bergen en oceanen bestaan niet voor eeuwig, maar vallen vroeg of laat uiteen. Hoewel samengestelde factoren in een voortdurende staat van verandering verkeren grijpen wezens in samsara ernaar alsof ze statisch en permanent zijn. De consumptiemaatschappij met haar idealen van eeuwige jeugd en de verleidingen van gezichtcrèmes en plastische chirurgie proberen deze illusie te verkopen en geloofwaardig te maken. Dit gaat in tegen de werkelijkheid dat alles in een voortdurende staat van flux is. Door in te zien dat alle samengestelde dingen vergankelijk zijn ben je voorbereid op verlies. Wanneer verlies zich voordoet, ben je minder overweldigd door pijn en wanhoop, want je weet dat dit de natuur van de dingen is. Je zag het al aankomen en had je daarom om te beginnen al niet zo gehecht aan de situatie.

II Al het onzuivere en corrupte is lijden

Geconditioneerde verschijnselen zijn corrupt of onzuiver, besmet (*sasrava*), omdat emotionele kwellingen aan hen kleven. De pijnlijke aard van samengestelde factoren wordt vaak misverstaan en ze worden in plaats daarvan beschouwd als een bron van geluk waar naar gegrepen wordt. Aangezien alles in staat van verandering verkeert is het grijpen naar dingen gedoemd tot lijden te leiden. Dit wordt handelen vanuit een verkeerde, dat wil zeggen illusoire, zienswijze genoemd. Vanuit onwetendheid ontstaat enerzijds begeerte die leidt tot gehechtheid aan wat we prettig vinden en anderzijds agressie die leidt tot afkeer van wat we niet prettig vinden. Zo leven we tussen hoop en vrees, en worden engelen en demonen geschapen. De tweede edele waarheid van de oorsprong van het lijden stelt dat alle lijden voortkomt uit verstorende emoties en gedachten (*klesha*) en handelen gebaseerd op die emoties (*karma*). Iedere perceptie vanuit een dualistische geest wordt als onzuiver gezien omdat ze gebaseerd is op een projectie die gekleurd wordt door hoop en vrees. We denken vaak dat hoop niet pijnlijk is, maar het gaat altijd gepaard met vrees en indien de hoop wel uitkomt is het soms heel anders dan we verwacht hadden, en bovendien is ook die uitkomst weer onderhevig aan vergankelijkheid. Uiteindelijk heeft alles wat door emoties geschapen wordt geen inherent bestaan, maar is afhankelijk van persoonlijke, subjectieve projecties en wordt daarom in het boeddhisme als futiel en illusoir beschouwd.

III Alle dingen zijn leeg en zonder zelf

Samengestelde verschijnselen bestaan niet op zichzelf, onafhankelijk of autonoom. Ze bestaan slechts in relatie met elkaar en zijn wederzijds afhankelijk van elkaar. Wanneer we zoeken naar hun essentie vinden we geen werkelijk bestaande kern, maar enkel een vereniging van afhankelijke delen. Er kan worden aangetoond dat alle dingen zonder zelf zijn, of ze nu zuiver of onzuiver zijn, geconditioneerd of niet. Toch doordringt de notie van een zelf onze dagelijkse ervaring. We denken dat dit zelf een eenheid is; degene die handelt; die ervaringen geniet; die dingen schept of doet; een autonome kracht is; iemand die controle uitoefent; die dezelfde persoon is uitgestrekt over een bepaalde tijd; en boeddhisten ervaren mogelijk iemand die gezuiverd wordt door het pad te volgen, die mediteert, of iemand die eens gebonden was en nu vrij is. Al dergelijk geloof in een zelf wordt door alle boeddhistische scholen als een zienswijze gezien met geen uiteindelijke basis in de werkelijkheid. Er lijkt een zelf te zijn, maar in feite is er sprake van een keten van discontinue momenten, gelijk een film uit afzonderlijke fotootjes bestaat, maar de idee van continue beweging geeft door de snelheid waarmee hij wordt afgespeeld. Er is geen zelf of 'ik' los van de vijf skandha's en deze zijn de basis van lijden en illusie, ze bestaan niet op zichzelf en hebben daarom geen inherent bestaan. Zonder zelf zijn samengestelde factoren niets anders dan vergankelijke elementen in een voortdurend proces van verandering.

IV Nirvana is vrede

Als men niet doordrongen is van het feit dat samengestelde en geconditioneerde factoren vergankelijk, lijden en zonder zelf zijn, is er de kans dat tijdelijk geluk voor werkelijk geluk aangezien wordt. Dit penetrerende inzicht vormt de basis van alle drie de voertuigen. Zonder de waarheid hiervan gezien te hebben zal men nooit geïnspireerd raken om het spirituele pad te gaan bewandelen dat tot werkelijke bevrijding leidt en de vierde Wet van Dharma 'nirvana is vrede' realiseren. Het belangrijkste obstakel wordt gevormd door verstorende emoties en gedachten (*klesha*) en karma.

Karma en klesha

In het boeddhisme worden de oorzaken van geluk en lijden niet buiten jezelf gelegd, maar binnen jezelf. Dit wil niet zeggen dat je zelf schuldig aan je situatie bent, maar wel dat je er zelf verantwoordelijk voor bent. Dit is een belangrijk verschil. Het is het verschil tussen het feit dat je niet verantwoordelijk bent voor de emoties en gedachten die in je opkomen, maar wel voor wat je met deze gedachten en emoties doet, hoe je ermee omgaat. Boeddha zei: 'Zoals je nu bent is het gevolg van daden uit het verleden, zoals je nu handelt zal de situatie waarin je in de toekomst verkeert bepalen.' Er is geen god buiten je die je komt helpen, maar er is ook geen duivel buiten je die je dwarszit. Zoals altijd in het boeddhisme hangt alles af van de geest. Zo zegt Boeddha aan het begin van de *Dhammapada*:

> We zijn wat we denken.
> Al wat we zijn ontstaat met onze gedachten.
> Met onze gedachten scheppen we de wereld.
> Spreek of handel met een onzuivere geest
> En ongeluk en lijden zullen je achtervolgen
> Zoals het wiel de os volgt die de kar trekt.

We zijn wat we denken.
Al wat we zijn ontstaat met onze gedachten.
Met onze gedachten scheppen we de wereld.
Spreek of handel met een zuivere geest
En geluk en vreugde zullen je vergezellen
Onlosmakelijk als je eigen schaduw.

'Kijk hoe hij me misbruikte,
Hoe hij me aanviel, kwetste en bestal'
Leef met dergelijke gedachten en leef in haat.

'Kijk hoe hij me misbruikte,
Hoe hij me aanviel, kwetste en bestal'
Laat dergelijke gedachten gaan en leef in liefde.

In deze wereld
Is haat nimmer door haat verdreven.
Enkel liefde doet haat verdwijnen.
Dit is de wet,
Oeroud en onuitputtelijk.[9]

De onzuivere houding van de geest die meer lijden veroorzaakt komt voort uit karma: het effect van daden uit het verleden, en klesha: negatieve emoties in het heden. Wanneer je uit gewoonte reageert, door bijvoorbeeld met de vinger naar anderen te wijzen en boos te worden, creëer je weer nieuw karma dat in de toekomst tot wasdom zal komen. Kwellende emoties en gedachten worden in het algemeen gedefinieerd als gedachten en emoties waarvan het verschijnen alleen al onmiddellijk onze geest van binnenuit verstoord. Maar wat is dat karma nou toch eigenlijk?

Tegenwoordig hoor je mensen wel eens het woord karma gebruiken alsof het hun lotsbestemming is. Ze zeggen dan 'het is mijn karma', alsof er niets meer aan te doen is. En zo wordt ook wel eens gedacht dat wanneer gezegd wordt dat armoede het gevolg is van karma, dat je dan voorbij zou gaan aan allerlei sociaalmaatschappelijke factoren, politiek-economische systemen van onderdrukking en zo meer. Dit is allemaal onzin. In het boeddhisme betekent 'karma' gewoon 'actie' en het verwijst naar 'de wet van karma', wat wil zeggen dat iedere oorzaak een gevolg heeft. Dit betekent dat iedere gedachte of handeling een oorzakelijke kracht is die vroeg of laat zijn gevolgen zal hebben. Wie rijst zaait, zal rijst oogsten en geen tarwe. Dat is de wet van karma. Karma heeft niets met fatalisme van doen. Het wijst juist op de verantwoordelijkheid van het individu voor zijn handelen, de tendensen die in hem huizen, en de keuzevrijheid zijn situatie te veranderen door zijn gedrag te veranderen. De sleutel schuilt als altijd in het boeddhisme in de houding van de geest. Deze houding kunnen we veranderen. We kunnen er zelf iets aan doen. Karma heeft dus niets van doen met predestinatie of lotsbestemming, maar juist met de mogelijkheid het lot in eigen hand te nemen.

De causaliteit van de wet van karma onderscheidt zich van de natuurlijke wetten van causaliteit doordat er bij karma sprake is van intentie. Alleen levende wezens produceren karma. Ze doen dit met lichaam, spraak en geest. Er is sprake van positieve, negatieve en neutrale karmische handelingen. Positieve handelingen hebben positieve en wenselijke gevolgen zoals gevoelens van vreugde en geluk. Negatieve handelingen leiden uiteindelijk tot negatieve resultaten zoals lijden en pijn. Er worden drie negatieve handelingen van het lichaam onderscheiden: doden, stelen en seksueel wangedrag; vier negatieve handelingen van de spraak: liegen, tweespalt zaaien, scherpe taal gebruiken en nietszeggend gepraat; en drie negatieve handelingen van de geest: hebzucht, anderen kwaad toewensen en verkeerde zienswijzen hebben (zoals de wet van karma ontkennen of te geloven in het bestaan van een zelf). De tien positieve handelingen hebben betrekking op het doen van het omgekeerde, zoals in plaats van stelen geven en in plaats van liegen de waarheid spreken enzovoort. Een neutrale handeling is bijvoorbeeld een wandeling maken; niemand heeft er baat bij en het schaadt ook niemand. Het criterium dat een handeling positief of negatief maakt is of het lijden of verdienste voor onszelf of anderen veroorzaakt. Er is geen rechter buiten ons die bepaalt of een handeling positief of negatief is. Wie goed doet, goed ontmoet. De wet is simpel, maar het geheel van karmische oorzaken en condities waarop ieder van ons ieder moment is blootgesteld is zo complex dat gezegd wordt dat pas op het moment van volledige verlichting alle subtiele interacties duidelijk worden.

Waar de ethiek zich met de natuurwet verbindt is in de intentie waarmee gehandeld wordt. De motivatie van de geest heeft daarbij een sturende kracht en is dominant over het handelen met de spraak en het lichaam. Iedere intentie laat een karmische imprint (*bakchak*) achter in de geest, die samen met ontelbare andere imprints tendensen (samskara's, de vierde skandha) in de geest vormen, die vroeg of laat hun resultaat te zien geven. Een handeling is niet slechts positief of negatief, maar kan ook een gemengd karmisch effect opleveren. Zo kunnen we een handeling opdelen in intentie, daad, en uitkomst. De meeste van onze handelingen hebben een dergelijk gemengd effect. Het meest negatieve resultaat, het volledige karmische effect, bij bijvoorbeeld een moord is wanneer er de intentie tot moord is, de moord begaan wordt en men verheugd is over het feit dat de moord plaatsgevonden heeft. Wanneer de moord niet intentioneel was of wanneer men spijt over zijn daad had of wanneer er slechts sprake van een poging tot moord was, dan leveren al deze factoren minder negatief karma op. Spijt over een negatieve handeling heeft dus een karma zuiverend effect, maar spijt over een positieve handeling, wanneer je het bijvoorbeeld later betreurt dat je in een moment van compassie geld aan een goed doel hebt gegeven, vermindert ook de verdienste van een positieve daad.

Er is onderscheid tussen het karma dat het gevolg is van een gedachte en dat van de daadwerkelijke uitvoering van de gedachte. Ieder onderdeel van een handeling is weer het gevolg van het verzameld karma van vorige handelingen. Iedere handeling is dus ook een samengesteld verschijnsel bestaande uit verschillende factoren. Een beoefenaar van de dharma zal altijd zorgen dat hij een positieve motivatie heeft bij alles wat hij doet. Tijdens de handeling doet hij zijn best en na afloop draagt hij de verdienste ervan op voor het heil van alle levende wezens. Wanneer hij merkt dat hij ondanks zijn positieve intentie een negatieve daad begaat, betuigt hij spijt en verandert zijn gedrag. De discipline van een beoefenaar van de dharma is erop gericht gewaar te zijn van wat er in zijn geest omgaat en zijn motivatie te corrigeren waar dit noodzakelijk is. Op deze wijze wordt getracht negatieve tendensen die voortkomen uit oude karmische patronen te herkennen en te zuiveren en zo verdienste te verzamelen die zich vroeg of laat in de toekomst zullen manifesteren.

De wet van karma stelt dat een negatieve handeling wel een negatief resultaat moet hebben, of een positieve handeling, hoe klein dan ook, een positief resultaat moet hebben, ook al zien we het niet en ook al laat het resultaat vele levens op zich wachten. Als we werkelijk zouden weten wat we karmisch aanrichten met een negatieve handeling, zoals agressief gedrag, dan zouden we nooit boos worden, wordt gezegd in het onderricht. Er is dus geen sprake van zonde of slechtheid, die negatief gedrag veroorzaken, maar onwetendheid. Daarom verdient iemand die negatief handelt niet onze veroordeling, maar juist mededogen, want hij weet niet wat hij aanricht. Al onze handelingen die lijden produceren komen voort uit onwetendheid en deze leiden weer tot dikkere wolken van onwetendheid, enzovoort. Het feit dat we de schaduw van een adelaar die hoog in de lucht vliegt niet zien, wil niet zeggen dat deze er niet is. Zodra de adelaar dichter bij de aarde komt, zien we ook zijn schaduw verschijnen. Op de vraag waarom in het ene geval het karmisch effect van een handeling bijna onmiddellijk is en in het andere geval dit jaren en zelfs levens op zich kan laten wachten, haalt de Dalai Lama Vasubandhu aan, die zegt in de *Abhidharmakosha* dat over het algemeen de meest krachtige karmische handelingen het eerste hun effect produceren. Als de intensiteit van een karmische handeling gelijk is aan de intensiteit van een andere karmische handeling dan zal het snelste karma rijpen van de handeling waarmee we het meeste vertrouwd zijn. Als twee karmische handelingen van gelijke intensiteit zijn en we er net zo vertrouwd mee zijn, dan neigt de handeling die we het eerste begaan hebben ook het eerste zijn effect te resulteren.[10]

De twaalfvoudige keten van oorzaak en gevolg

> Wat is dit voor een opmerkelijke verduistering die maakt dat de wereld niet het bestaan ziet van het spel van wederzijds afhankelijke samenwerking, maar een zelf ziet, dat niet bestaat?[11]

Het proces, waarin het karmisch potentieel afhankelijk van de omstandigheden zich realiseert, wordt beschreven in de 'Twaalfvoudige keten van oorzaak en gevolg van afhankelijk ontstaan' (*pratitya-samutpada*), die de mens opgesloten houden in een cyclus van dood en wedergeboorte, welke door zijn aard gekenmerkt wordt als een voortdurend lijden. De analyse van ervaring in het licht van wederzijds afhankelijke samenwerking toont hoe verschijnselen ontstaan. Het doel van de studie ervan is het idee van een zelf als handelende agent tegen te gaan. Dit mechanisme van causaliteit vormt de structuur van samsara, het in een kringetje ronddraaien, en het is dit inzicht dat door de Boeddha in de nacht van zijn ontwaken werd ontdekt. Hij zei:

Wie wederzijds afhankelijke samenwerking ziet, ziet de dharma.
Wie de dharma ziet, ziet wederzijds afhankelijke samenwerking.[12]

In verschillende soetra's wordt het principe van wederzijdse afhankelijkheid van samengestelde verschijnselen als volgt beschreven:

Als er dit is, komt dat te ontstaan.
Van het verschijnen van dit, komt dat.
Als dit afwezig is, komt dat niet.
Door het ophouden van dit, houdt dat op.
Omdat er fundamentele onwetendheid is,
Verschijnen er karmische formaties.[13]

De keten van geconditioneerd bestaan houdt zichzelf op deze wijze middels oorzaak-en-gevolgrelaties in stand totdat verlichting de keten breekt en doet oplossen. Traditioneel wordt de twaalfvoudige keten van oorzaak en gevolg schematisch weergegeven in het zogenaamde Levenswiel. Men stelt dat het volkomen begrijpen hiervan realisatie van verlichting geeft en daarmee bevrijding uit de cyclus van dood en wedergeboorte. In het centrum van het levenswiel staan een varken als symbool voor onwetendheid met een slang als symbool voor agressie en een haan als symbool voor begeerte, die elkaar in de staart bijten. Onwetendheid, agressie en begeerte zijn de drie basisklesha's die ons in samsara gevangen houden. Daaromheen is een cirkel met vallende en stijgende wezens, die naar de hogere werelden (mensen, halfgoden en goden) of de lagere werelden (hel, hongerige geesten en dieren) verhuizen. De zes werelden staan weer in een cirkel om de vallende en stijgende wezens heen. Het levenswiel wordt omklemd door Yama, Heer van de Dood, de verpersoonlijking van de vergankelijkheid van al het ontstane. De Boeddha wordt buiten het levenswiel afgebeeld. Hij is immers vrij van samsara. Vaak wijst hij naar een maan als symbool voor verlichting. De buitenste ring van het levenswiel toont de twaalf ketens van oorzaak en gevolg:

1	onwetendheid (*avidya*)	blinde man
2	karmische formaties (*samskara*)	pottenbakker
3	bewustzijn (*vijnana*)	aap in bomen
4	naam en vorm (*namarupa*)	boot met vier mannen

5	zes zintuigen (*sadayatana*)	huis met zes ramen
6	contact (*sparsa*)	liefdespaar
7	gevoel, emotie, sensatie (*vedana*)	man met pijl in het oog
8	begeerte, hunkering (*trsna*)	drinkende man
9	grijpen, vasthouden (*upadana*)	aap of man, die fruit wegrist
10	wording, schepping (*bhava*)	zwangere vrouw
11	geboorte, wedergeboorte (*jati*)	bevalling
12	ouderdom, verval, dood (*jaramarana*)	lijk

Een blinde man staat symbool voor onwetendheid (1. avidya). De onwetendheid, die aan de basis van alles staat, is in essentie afleiding, afleiding van de non-conceptuele staat van alwetendheid. Wanneer de geest door iets wordt afgeleid is er dualiteit. Vanwege de cognitieve kwaliteit van de geest ontstaat gelijktijdig met de potentie voor wijsheid de potentie voor afleiding en illusie. De cognitieve kwaliteit van de geest kan zich naar binnen richten en zijn eigen natuur herkennen, of naar buiten en verdwalen in projecties. Het kan dus twee kanten op. Afleiding en projectie wordt in het boeddhisme gezien als een misbruik van ons kenvermogen. De evolutie van onwetendheid vindt plaats wanneer er labels aan dat wat afleiding vormt worden toegekend. Labels concretiseren waarnemingen van objecten in benoembare dingen, die daardoor een eigen leven gaan leiden. Een objectiviteit buiten onze subjectieve waarneming wordt verondersteld, omdat er een conventie bestaat over labels. Een klassiek voorbeeld zoals door de wijze Nagasena in de *Milindapanha* gebruikt wordt is dat van een triomfwagen. We kunnen de verschijning van de wagen onderscheiden van die van een wolk, maar wat is het precies? Niet meer dan de som van zijn aggregaten; as, wielen, wagen, paard, enzovoort. Op die specifieke samenstelling van delen wordt het label 'triomfwagen' geplakt. De wagen is echter in feite een abstract iets. Het is een samengesteld geheel, vergankelijk en zonder eigen kern. We kunnen gehecht raken aan dit abstracte idee 'triomfwagen' en er iets van maken dat er in werkelijkheid niet is. Zo is het ook bij mensen. We zijn de som van onze aggregaten, die door een naam geïdentificeerd wordt, maar in absolute zin is er niemand, geen ego, te vinden.

De wortel van alle naamgeving is het label 'ik'. Dit is het meest verleidelijke label waar we het meest gehecht aan raken. Omdat we niet zeker weten of het zelf wel bestaat, ontstaat er in deze onzekerheid ironisch genoeg grote behoefte te bewijzen dat het wel bestaat. Uit die onzekerheid wordt een drang tot zelfbevestiging geboren. We gaan allerlei eigenschappen aan dat 'ik' toeschrijven en beperken het met het gewicht van een persoonlijke geschiedenis en opgelegde verhoudingen in relatie tot zichzelf en de buitenwereld. We zien onszelf als een persoon die dit of dat gedaan heeft en hier of daardoor gekwetst en getekend is. Vanuit die optiek gaan we reageren op de wereld. We gaan ons eigen verhaal geloven en als we het zelf niet meer weten, vertellen onze 'dierbare anderen' wel wie we zijn. Om aan alle verwachtingen, voorwaarden en projecties die de labels van onszelf en anderen met zich meebrengen te voldoen, raken we maar al te gemakkelijk ver af van wie we in werkelijkheid zijn. De 'fundamentele afleiding' leidt ons middels het proces van conceptualisering en naamgeving weg van het herkennen van onze ware natuur. We herkennen de verschijnselen niet voor wat ze zijn, een samengesteld geheel zonder vaste kern, en verbeelden ons een zelf als subject dat grijpt naar exterieure objecten in een poging te bewijzen dat hij bestaat.

Boeddha ontdekte dat het de gehechtheid aan de identificatie met een individueel bestaan of ego is, waardoor we lijden aan het lijden, aan verandering, condities en uiteindelijk ook vooral aan onszelf. De ironie is dat we juist dat niet willen inzien en het die blindheid is, die ons in de cirkel van lijden verstrikt houdt. Door deze emotionele verduistering in onze waarneming verzamelen we karma hetgeen ons weer in samsara gevangen houdt. Vanuit angst om controle te verliezen en een onverzadigbaar gevoel van zelfbelangrijkheid grijpen we voortdurend naar een zelf. Het is echter een valse identificatie. Als dit het ware zelf zou zijn, dan zouden we er immers niet naar hoeven te grijpen. Het ego moet voortdurend in stand gehouden worden met verhalen waarin het de centrale plaats in het universum inneemt. Of dit nu verhalen zijn waarin de held gespeeld wordt, of dat je jezelf juist de schuld geeft van van alles en nog wat, maakt in feite niet uit. Al die verhalen centreren zich rond de illusie dat we denken dat er een persoon is die werkelijk bestaat. Ego maakt samsara persoonlijk. De gedachte dat er een 'ik' is dat enkelvoudig, permanent en onafhankelijk bestaat, is volgens het inzicht van de Boeddha een illusie die de bron is van alle onwetendheid en oorzaak van alle ellende van het telkens weer geboren worden in samsara.

De blinde man (1. avidya) in het levenswiel, die onwetendheid symboliseert, is zich de ware aard der verschijnselen niet bewust en baseert daarop zijn handelen en streven. Dit wordt gesymboliseerd door een pottenbakker, die uit verschillende delen een substantieel geheel maakt. Deze karmische of conceptformaties (2. samskara) zijn bepalend voor de bestaanswereld waarin de onwetende geboren wordt. In de goede en kwade gevolgen van dit karmische handelen wordt hij zich een continuïteit bewust. Dit bewustzijn (3. vijnana) wordt weergegeven door een aap, die op en neer springt in de bomen. De schakels volgen elkaar razendsnel op, bijna gelijktijdig. Uit onzekerheid wordt gehandeld en daar komt bewustzijn bij dat persoonlijkheid krijgt door een naam en een vorm (4. namarupa) aan te nemen. Dit wordt in het levenswiel uitgebeeld door vier mannen in een boot (het lichaam), ofwel de vijf skandha's die op de oceaan van samsara dobberen. 'Rupa' staat voor 'vorm', 'nama', naamgeving, het labelen, staat hier voor de overige vier skandha's. Er is nu een identiteit op basis van de vijf skandha's (ego) geconstrueerd. Dit zich onderscheiden geeft aanleiding tot waarneming met de zes zintuigen (5. sadayatana), waartoe ook het denken van de geest wordt gerekend. Het wordt gerepresenteerd door een leeg huis met zes ramen. Er is niets in het huis, maar we gaan naar binnen en buiten in de hoop iets kostbaars te vinden. De zintuigen roepen het verlangen naar contact (6. sparsa) met het object van waarneming op, verbeeld door een kussend liefdespaar. Het subject maakt contact met het object. Dit contact roept dan weer blinde emoties (7. vedana) op, weergegeven door een man met een pijl in zijn oog. Deze sensaties roepen, wanneer ze prettig zijn de dorst (8. trsna) naar meer op, uitgebeeld door iemand die drinkt. Onprettige sensaties roepen aversie op, hetgeen ook een soort begeerte is: de behoefte de sensatie weg te duwen. Deze link wordt als een zwakke schakel in de keten beschouwd, omdat door beoefening van aandacht en de discipline van onthechting de keten hier doorgesneden zou kunnen worden. Door toe te geven aan de dorst wordt het gewoontepatroon echter verstevigd. De begeerte geeft aanleiding tot (vast)grijpen (9. upadana), gesymboliseerd door een aap die fruit wegpakt. De gehechtheid aan bestaan roept de behoefte op het te bevestigen door het opnieuw tot stand te laten komen (10. bhava), weergegeven door een zwangere vrouw. Je houdt vast aan waar je naar verlangt en dit vormt dan de aanleiding tot nieuwe geboorte (11. jati), gerepresenteerd door een vrouw, die het leven aan een kind schenkt, wat uiteindelijk weer de oorzaak is van ouderdom en dood (12. jaramarana), uitgebeeld door een oude man of een lijk, of een man die een lijkt draagt. De vijf skandha's die door de geboorte tijdelijk samengekomen waren, vallen op het moment van sterven weer uiteen, hetgeen weer een oneindig aantal nieuwe cycli tot gevolg heeft, zolang de fundamentele onwetendheid (1. avidya) niet opgeheven wordt.

Deze uiteenzetting van de twaalfvoudige keten van oorzaak en gevolg lijkt misschien vrij technisch, maar dit is toch een contemplatieoefening die veel beoefend wordt, met name door de zogenaamde Pratyekaboeddha's; zij, die realisatie bereiken zonder leraar. De contemplatie begint met het zich voorstellen van een lijk. Waar komt dit lijk vandaan? Het is dood. Dood komt van ouderdom, ouderdom van geboren worden, geboren worden van seks, seks van vasthouden, vasthouden van begeerte, begeerte van gevoel, gevoel van contact en zo verder terug totdat je bij onwetendheid uitkomt. Dit proces van terugredenering is niet alleen een intellectueel proces maar dient ook gevoelsmatig ervaren te worden. Op die wijze kan inzicht in de onderlinge verbondenheid van oorzaak en gevolg verkregen worden.

Karma en wedergeboorte

Het principe van oorzaak en gevolg gaat ervan uit dat ieder verschijnsel een oorzaak heeft die eraan voorafgaat. Dit geldt voor het materiële universum, maar ook voor het bewustzijn en heeft daarom consequenties voor wat gebeurt op het moment van de dood. De Dalai Lama zegt hierover:

> Het boeddhisme gelooft in universele oorzakelijkheid, dat alles aan verandering en aan oorzaken en omstandigheden onderhevig is. Er wordt geen plaats ingeruimd voor een goddelijke schepper, noch voor zelfgeschapen wezens; maar alles ontstaat als een gevolg van oorzaken en omstandigheden. Dus de geest, of het bewustzijn, ontstaat ook als het resultaat van zijn voorafgaande ogenblikken.
> Wanneer we spreken over oorzaken en omstandigheden, kunnen we twee soorten onderscheiden: substantiële oorzaken, het materiaal waaruit iets voortgebracht wordt, en meewerkende factoren, die tot die oorzakelijkheid bijdragen. In het geval van lichaam en geest kan, hoewel ze elkaar beïnvloeden, de een niet de substantie van de ander worden... Geest en materie zijn weliswaar van elkaar afhankelijk, maar kunnen niet als substantiële oorzaken voor elkaar dienen. Dat is de basis waarop het boeddhisme wedergeboorte aanvaardt.[14]

Hoe het bewustzijn in interactie is met materie en karmische formaties is een onderwerp van debat in de diverse boeddhistische scholen. Centraal hierbij staat de overtuiging dat er geen sprake is van een ziel die zich door verschillende levens beweegt. Het idee van een autonome ziel (*atman*) uit het hindoeïsme wordt door het boeddhisme juist ontkend (*anatman*) en afgedaan als een mentaal construct. Er is dus geen sprake van een ziel als een snoer in een parelsnoer van levens, maar meer van een stapel dobbelstenen waarbij de een boven op de ander ligt en er functioneel mee verbonden is. Ze zijn niet identiek aan elkaar, maar voorwaardelijk verbonden. De wijze Nagasena legt dit proces van voorwaardelijke verbondenheid uit aan koning Milinda in de *Milindapanha*, een serie beroemde antwoorden op vragen die de koning hem stelde:

> De koning vroeg Nagasena: 'Wanneer iemand herboren wordt, is hij dan dezelfde als degene die net gestorven is of is hij anders?'
> Nagasena antwoordde: 'Hij is noch dezelfde noch anders... Zeg mij als iemand een lamp zou aansteken, zou hij de hele nacht door licht geven?'
> 'Ja.'
> 'Is de vlam die in het eerste deel van de nacht brandt dan dezelfde als de vlam die in het tweede deel van de nacht brandt... of als die in het laatste deel?'
> 'Nee.'
> 'Betekent dat, dat er een lamp is in het eerste deel van de nacht, een andere in het tweede en weer een andere in het derde deel van de nacht?'
> 'Nee, het komt door die ene lamp dat het licht de hele nacht schijnt.'
> 'Wedergeboorte is daarmee te vergelijken: het ene verschijnsel ontstaat en een ander houdt terzelfder tijd op te bestaan. Dus de eerste handeling in het nieuwe bewustzijn is niet dezelfde als de laatste handeling van het bewustzijn in het vorige bestaan, noch is zij verschillend.'
> De koning vraagt om een ander voorbeeld om de precieze aard van deze afhankelijkheid te verklaren, en Nagasena vergelijkt het met melk: de wrongel, boter of *ghee* die van melk gemaakt kunnen worden, zijn nooit hetzelfde als de melk, maar ze zijn er voor hun vervaardiging volledig van afhankelijk.

> De koning vraagt dan: 'Als er geen wezen is dat van lichaam tot lichaam gaat, zouden we dan niet vrij zijn van alle negatieve daden die we in onze vorige levens hebben begaan?'
> Nagasena geeft dit voorbeeld: Iemand steelt mango's van iemand anders. De mango's die hij steelt, zijn niet precies dezelfde mango's als die welke de ander ooit in zijn bezit had, dus waarom zou de dief straf verdienen? De reden, legt Nagasena uit, is dat de gestolen mango's alleen maar konden groeien dankzij de mango's die hun eigenaar eens had geplant. Op dezelfde manier zijn onze daden in één leven, zowel zuivere als onzuivere, de reden dat we verbonden zijn met een ander leven, en zijn we niet vrij van hun gevolgen.[15]

Uit deze antwoorden kunnen we afleiden dat er een continuïteit van bewustzijn bestaat, maar niet dat hier echt sprake is van een persoon of een ziel die wedergeboren wordt. Toch reiken de consequenties van het handelen over de dood heen naar een volgend leven. In het boeddhisme is er dus niet zoals in het hindoeïsme sprake van reïncarnatie van een ziel die van lichaam naar lichaam gaat. Het idee van wedergeboorte is door verschillende boeddhistische scholen verschillend ingevuld. In de Theravadatraditie van het basisvoertuig wordt verondersteld dat het laatste moment van bewustzijn in het ene leven de onmiddellijke causale link is voor het eerste moment van het volgende. Er is geen tussenstaat. In de *Cittamatra* ('enkel geest')-school uit het mahayana worden naast de eerdergenoemde zes bewustzijnsstaten nog een zevende verondersteld, die oordeelt vanuit conditioneringen en vooroordelen, en een achtste bewustzijn, waarin karmische zaden opgeslagen worden. Het is dit achtste 'opslagbewustzijn' dat zich zonder lichaam naar een volgend leven zou uitstrekken. In het vajrayana wordt wel een tussenstaat verondersteld, zoals we in hoofdstuk acht zullen zien. Dit is de visie van de boeddhanatuur als een continuïteit van bewustzijn waar de Dalai Lama aan refereert. Het is het heldere licht van de geest dat zich voortbeweegt van leven via tussenstaat naar een volgend leven als de continuïteit van bewustzijn in waaktoestand naar slapen, dromen en weer wakker worden.

Hoewel levende wezens en de omgeving waarin ze leven voortkomen uit de fundamentele onwetendheid die karma creëert, is het dus niet zo dat karma dingen uit het niets schept. Karma opereert op basis van een continuüm in de fysieke en mentale wereld. Het continuüm van de fysieke wereld voert terug naar het begin van een universum, waarbij in het boeddhisme bepaalde 'ruimtedeeltjes' worden verondersteld waarin het fysische universum als potentie aanwezig is. Ook de continuïteit van bewustzijn wordt niet door karma geproduceerd. Toch speelt het een oorzakelijke rol in het scheppen van levende wezens en de omgeving waarin ze leven. Op een bepaalde manier komt karma in het spel wanneer er sprake is van individuele pijnlijke ervaringen van lijden en vreugdevolle ervaringen van geluk, want karma is alleen gerelateerd aan de ervaring van levende wezens. De Dalai Lama zegt hierover:

> Wanneer we ons zouden afvragen of bewustzijn geproduceerd wordt door karma, of levende wezens geproduceerd worden door karma, lijkt het erop dat het antwoord 'nee' is. Maar wanneer we ons afvragen of het menselijk lichaam en het menselijk bewustzijn product zijn van karma, is het antwoord 'ja', want ze komen voort uit deugdzaam handelen. (...) Wanneer we ten slotte ons afvragen of ons natuurlijk instinct om geluk te zoeken en lijden te overwinnen een product van karma is, is het antwoord opnieuw 'nee'.[16]

Het natuurlijke instinct geluk te zoeken en het lijden te overwinnen is geen product van karma, want het is een reflectie van de boeddhanatuur, onze 'ware natuur'. Karma en negatieve emoties (klesha's) zijn niets anders dan wolken die de ware natuur verduisteren. Zijn de wolken verdwenen, dan zijn de oorzaken voor lijden verwijderd en kan de zon van de ware natuur door de eindeloze ruimte van de geest stralen.

3 DE EDELE WAARHEID VAN HET OPHOUDEN VAN HET LIJDEN

Beoefening: Realiseer het ophouden van lijden

Wie het woord 'nirvana' hoort, heeft meestal associaties met 'walhalla', 'hemel', opperste gelukzaligheid, of toch tenminste zoiets als een koel rustig meer op een warme dag. Nirvana is echter geen goddelijke toestand. De goden verblijven immers nog steeds in samsara, al is het dan het hoogste niveau. De letterlijke betekenis van nirvana (*nibbana* in Pali) is 'uitgedoofd' en verwijst naar het uitdoven van de vuren van begeerte, haat en begoocheling, die in ons woeden. Dit zijn de fundamentele oorzaken van lijden en zodra deze zijn uitgedoofd houden we automatisch op met lijden. In de redenering van het in het boeddhisme gehanteerde causaliteitsprincipe kan lijden niet geproduceerd worden als de oorzaken niet aanwezig zijn, dus houdt het op. Als de drie klesha's haat, begeerte en onwetendheid uit onze geest geëlimineerd zijn, betekent dit dat ons handelen ook niet meer de karmische consequenties schept voor een nieuwe wedergeboorte. Daarom wordt gezegd dat nirvana vrijheid is van de cyclus van dood en wedergeboorte van samsara.

Nirvana wordt niet door karma geproduceerd, het is niet geschapen en het vergaat niet. Nirvana is geen plaats, geen ding of een soort hemel waar je naartoe gaat als je een goede boeddhist bent geweest. Niets van dat al. Nirvana is een realisatie, een wijze van zien. Aangezien nirvana gebruikt wordt als synoniem voor verlichting wil iedereen weten hoe het is om nirvana te ervaren. Daarin schuilt het gevaar om een concept van nirvana te maken. Nirvana is echter niet te beschrijven. Het ligt voorbij alle woorden en beschrijving. Het is zelfs de vraag of je wel kan spreken van ervaring. Bij ervaring gaan we immers uit van dualiteit: er is *iemand* die *iets* ervaart. Dat soort dualiteit wordt in nirvana juist overstegen. Absolute waarheid is niet in taal uit te drukken, want taal is altijd relatief en gebaseerd op dualiteit: ja-nee, ma-pa, vriend-vijand.

Hoewel nirvana dus niet direct beschreven kan worden, wordt er wel naar verwezen in de vorm van metaforen. In de eerder genoemde tekst *Milindapanha* wordt gesteld:

- net zoals koel water verlichting bij koorts brengt, zo verlicht nirvana de koorts van de hartstochten
- zoals een medicijn een einde maakt aan ziekte, zo maakt nirvana een einde aan het lijden
- zoals een onwankelbare bergtop, zo ook is nirvana onwankelbaar
- zoals de wind niet zichtbaar is, zo is nirvana wel aanwezig, maar kan je het niet zien

Daarnaast bestaan er ook veel beschrijvingen van wat nirvana niet is:

- het is niet geschapen, noch ongeschapen
- het is geen verleden, heden of toekomst

- het kan niet met de zintuigen waargenomen worden
- het is ongeboren, onsterfelijk en ongeconditioneerd
- het is eliminatie of afwezigheid van hunkerend verlangen, haat en onwetendheid
- het is vrijheid of afwezigheid van lijden
- het is vrijheid van wedergeboorte[17]

Sommige niet-boeddhisten hebben deze negatieve beschrijvingen van nirvana opgevat in de zin dat nirvana een staat van 'niets' zou zijn, een staat van zelfvernietiging. Boeddhisme wordt daarom soms wel nihilistisch genoemd. Dit is echter een misverstand. De ervaring van nirvana wordt in de geschriften geassocieerd met vreugde, geluk, sereniteit, compassie, vriendelijkheid, tolerantie, begrip en liefde. Het gevaar is echter dat wanneer men een idee van nirvana krijgt, dat dit idee het feitelijke bereiken van de open toestand van nirvana in de weg staat. We gaan dan proberen een bepaalde toestand in onze geest op te roepen die niet de natuurlijke toestand van onze geest is. We streven een mentaal construct na, dat niets anders is dan een fabricatie van ego – ofwel ego dat zich manifesteert als zogenaamd egoloze staat – en daarom noodzakelijkerwijs niet vrij is van lijden. Je 'ego of valse zelfbeeld kwijtraken' wordt in dat geval door het naar zelfbevestiging zoekende ego als interessant project opgenomen. Deze paradoxale vorm van zelfbevestiging in een poging het ego kwijt te raken wordt spiritueel materialisme genoemd. Het is niet zo dat er eerst een zelf of ego was en dat boeddhisten uiteindelijk erin slagen dit te vernietigen en dan nirvana bereiken. Het punt is dat de Boeddha ontdekte dat dit ego of zelf helemaal nooit heeft bestaan, maar dat we denken dat het bestaat. Egoloosheid is het doorprikken van deze illusie. Het loslaten van ego is in feite het loslaten van de illusie dat er een ego zou bestaan. Deze illusie, die zich kleedt in negatieve emoties als haat en lust is de grote vijand van de ontwaakte geest. Deze vijand is niet buiten ons, maar dragen we altijd mee in onze geest. Uiterlijke vijanden kunnen tijdelijk overwonnen worden, maar zullen telkens weer opstaan als we onze eigen haat en agressie, waar deze vijanden een reflectie van zijn, niet overwonnen hebben. Hij, die deze vijanden overwonnen heeft, wordt een *arhat* genoemd.

Het bewandelen van het spirituele pad zal in eerste instantie net zo door illusies gekleurd worden als het leven in samsara. Dit is normaal, want onze geest functioneert middels gewoontepatronen. De dualistische geest zal wanneer het zichzelf niet kan bevestigen in bestaan, zich willen bevestigen in een ontkennende staat, niet bestaan. De boeddhistische visie is echter vele malen subtieler dan dat en geeft daarom beschrijvingen van nirvana als 'niet geschapen, noch ongeschapen'. Deze beschrijvingen van 'niet dit en niet dat' zijn voor de gewone, dualistische geest die wil vastleggen, grijpen, controleren en inperken uiteindelijk ongrijpbaar en suggereren een open staat van bewustzijn zonder referenties. Dit is een proces van overgave dat niet zonder slag of stoot gaat. Het is een hele weg.

4 DE EDELE WAARHEID VAN HET PAD

Beoefening: Beoefen het zuivere pad naar het ophouden van lijden

De essentie van het pad is het werken aan je eigen geest zodat het inzicht van de Boeddha ook jouw inzicht wordt. Boeddhisme is niet een of andere leer of een serie dogma's die je aanhangt en dan ben je van de Boeddhaclub: je hoort erbij als je de juiste antwoorden op het juiste moment kan geven, de slogans uit je hoofd kent en hele soetra's kan reciteren. Dat zijn allemaal uiterlijkheden, die een middel kunnen zijn om inzicht te ontwikkelen, maar niet waar het uiteindelijk om gaat: de transformatie van jouw geest in die van een boeddha en je daarmee te bevrijden van het lijden. De essentie van het pad is te begrijpen dat de Boeddha niet iets buiten je is. Als je de weg van de Boeddha wil gaan, maar je herkent het niet als je eigen weg, is er een tweedeling tussen jezelf en het pad. Zo kan je misschien beginnen, maar zonder het juiste zicht is het moeilijk gaan. Je weet niet welke kant je op moet gaan. Het is ook geen kwestie van: 'volg je hart maar, dan komt het allemaal wel goed'. Dat is de new-ageversie van westers boeddhisme, niet de dharma. Ons hart kent immers allerlei zelfzuchtige emoties en die kleuren onze perceptie. Hoe weet je dat je daar wel op kan vertrouwen? Studie is in dit geval belangrijk. De dharma geeft systematische aanwijzingen en de meesters, die het pad al langer volgen, geven vanuit hun eigen ervaringen de fijne kneepjes door aan hun intieme leerlingen. De Boeddha presenteerde eerst de Waarheid van het Ophouden van het Lijden als inspiratie voor waar het pad toe kan leiden. Om het resultaat te bereiken dienen de juiste condities en oorzaken geschapen te worden. Deze worden in het basisvoertuig verwoord in het Achtvoudige Pad, dat symbolisch gerepresenteerd wordt als de acht spaken van het wiel van de leer.

Het achtvoudige pad naar het ophouden van lijden

Juiste (in)zicht
Het juiste inzicht is de juiste wijze van zien. Dit is het meest belangrijke element van de beoefening, omdat alle problemen van een verkeerde zienswijze, zoals het geloof in een zelf, komen. Het juiste inzicht betreft in het basisvoertuig met name het juiste begrip van de Vier Edele Waarheden. Dit is niet alleen een intellectueel begrip maar ook een intuïtief doordrongen zijn van de Vier Edele Waarheden. Het omvat de aanvaarding van de wetten van karma, de notie van wedergeboorte en de morele implicaties die hiermee gepaard gaan. Bij het juiste zicht gaat het echter niet om de aanname van bepaalde boeddhistische ideeën, maar om zelf direct te zien zoals het is zonder bemiddeling van concepten.

Juiste denken/houding/motivatie
De juiste motivatie geeft richting aan de geest en bepaalt het spreken en handelen. De juiste intentie is hier het opgeven van zelfzuchtige gedachten die alleen maar leiden tot meer lijden. In plaats van deze schadelijke gedachten wordt de wens gecultiveerd om meer geluk aan allen te brengen. Zoals gezegd is voor het karmisch effect van het handelen de motivatie waarmee gehandeld wordt van doorslaggevend belang.

Juiste spreken
Woorden kunnen van grote invloed op anderen zijn. Daarom wordt gezegd dat het belangrijk is niet te liegen, geen scherpe taal te gebruiken, tweedracht te zaaien of te roddelen, maar welluidend, vriendelijk en verdienstelijk te spreken.

Juiste handelen
In eerste instantie poogt men geen schade aan anderen of zichzelf toe te brengen en vervolgens probeert men anderen te helpen, beschermen en zich verdienstelijk te maken.

Juiste levenswijze
Je kan op veel manieren in je levensonderhoud voorzien. Het is belangrijk om anderen daarbij niet te bedriegen of de natuur schade toe te brengen. Het beste is als je met je werk ook anderen van dienst kan zijn.

Juiste inspanning

Dit heeft twee connotaties. Ten eerste is er inspanning leveren voor de juiste dingen. Vaak spannen we ons enorm in voor dingen die er in feite niet zoveel toe doen, zoals sport en spel of materieel gewin en genot dat slechts van korte duur is. Hier worden we aangeraden om ons in te zetten op het spirituele pad met zicht voor de lange termijn: de productie van positief karma dat gevolgen zal hebben voor vele levens, en de ontwikkeling van wijsheid dat ons zal helpen het juiste inzicht te vinden dat bevrijding uit samsara zal brengen. Juiste inspanning verwijst tevens naar de houding waarmee we ons inzetten. Krampachtigheid en de bereidheid om 'over lijken te gaan' zal ons niet echt helpen op het spirituele pad; in plaats daarvan wordt een niet-aflatende ontspannen inspanning aangemoedigd.

Juiste aandacht/ oplettendheid

De juiste aandacht hebben wil zeggen dat we ons voortdurend bewust zijn van wat we doen met ons lichaam en onze spraak en geest. We hebben aandacht voor wat we doen, zeggen en onze emoties en gedachten. Sensitiviteit voor wat er in ons en om ons heen gebeurt wordt vergroot wanneer we ons niet laten meeslepen in gedachten over verleden en toekomst, of overweldigd worden door emotionele scenario's in onze geest. Dit geldt gedurende de meditatiebeoefening, maar zeker ook voor het dagelijks leven.

Juiste concentratie/meditatie

De juiste aandacht wordt geoefend in de meditatie middels de juiste concentratie. De meditatiebeoefening van *shamatha*, 'rustig verblijven', staat aan de basis van alle verschillende vormen van meditatie die in het boeddhisme beoefend worden. Het doel is middels het sturen van de aandacht een staat van niet afgeleid zijn te bereiken. De geest rustend in zichzelf, in een staat van eenpuntige concentratie, is in staat zonder afgeleid te raken zich waar nodig op te richten.

Meditatie

Wie boeddhisme zegt, denkt in het Westen meteen aan het zitten in meditatie. Dat is het beeld van de Boeddha dat iedereen kent. Het is de directe uitdrukking van de ontwaakte staat van geest en daarom essentieel als beoefening. Het beste geschenk dat je jezelf kan geven is om echt te leren mediteren. Je hebt dan een middel in handen om in alle situaties en omstandigheden bij jezelf thuis te komen en een weg door de verwarring te vinden. Er zijn echter veel verschillende soorten meditatie in de verschillende religieuze tradities en er zijn bovendien veel verschillende soorten boeddhistische meditatie. Niet alle beoefening heeft hetzelfde effect, daarom wordt het in het boeddhisme zeer belangrijk gevonden om niet alleen te weten waarom je mediteert, maar ook waarom je op welk moment welke beoefening doet. Meditatie dient niet om een speciale toestand in je geest op te roepen en het is ook geen vorm van ontspanning, hoewel dit laatste wel belangrijk is. Meditatie is een middel om met je geest te leren werken.

Er bestaan twee basisvormen van meditatie in het boeddhisme: *shamatha* – 'kalm verblijven', dat dient om de gewone dualistische geest tot rust te brengen. En *vipashyana* – 'helder zien', waarbij het de bedoeling is direct naar de geest te kijken en de natuur van de geest te herkennen. De inzichtmeditatie die in de Theravadatraditie *vipassana* wordt genoemd is sterk gebaseerd op shamathameditatie. De vipashyana die in de Tibetaanse vajrayanatradities, zoals *Dzogchen* en *Mahamudra*, beoefend wordt, is het direct zien van de absolute natuur van de geest. Er wordt in deze tradities gesteld dat het er uiteindelijk bij meditatie om gaat de non-conceptuele natuur van de geest te herkennen. Daar dit je eigen natuur is, hoef je eigenlijk helemaal geen meditatie te doen! Het is meer een kwestie van vertrouwd raken met deze natuurlijke staat van zijn. Wie denkt hiermee een korte weg gevonden te hebben moet oppassen, want de Dzogchen-meesters die spreken over het rusten in de herkenning van de natuur van de geest zonder een methode te gebruiken, doen dit terwijl ze niet afgeleid zijn. Het is de hoogste visie van het boeddhistische pad dat pas begint waar de andere paden ophouden.

Voor beginners is het goed te weten waar het pad van beoefening uiteindelijk toe leidt, maar ze moeten toch bij het begin beginnen. Wanneer we onze aandacht naar binnen keren, worden we ons namelijk gewaar van het drukke verkeer van gedachten en emoties in onze geest. Deze worden beschouwd als de natuurlijke uitstraling van het cognitieve aspect van onze geest, maar ze zijn niet de natuur, de essentie van de geest, maar zoals de geest aan ons verschijnt. Ze zijn als de wolken die de heldere hemel verduisteren. Daarom dienen deze gedachten en emoties eerst tot rust gebracht te worden middels shamathameditatie. Er wordt gezegd dat wanneer gunstige omstandigheden in de omgeving en het lichaam geschapen worden, meditatie spontaan plaats kan vinden. Om te beginnen wordt daarom geadviseerd om op een rustige plek, waar je niet snel afgeleid wordt, de meditatiehouding aan te nemen.

Houding van het lichaam

1 Houd je rug recht

Het is van vitaal belang om een ontspannen rechte rug te hebben zodat de energieën vrij door het lichaam kunnen stromen en je in balans zit. Gezegd wordt dat gedachten gedragen worden door innerlijke winden die door een netwerk van subtiele kanalen en meridianen stromen, zoals we dat uit de acupunctuur kennen. Blokkades door een verkeerde houding geven pijn, ziektes en neurotische gedachten. Ze scheppen zogenaamde karmische winden. Een goede houding is van belang om deze tot rust te brengen.

2 Zit met gekruiste benen

Traditioneel wordt de *lotushouding* aangeraden waarbij de linkervoet op de rechterdij ligt en de rechtervoet op de linkerdij. Dit kan echter zo moeilijk of ongemakkelijk zijn, dat je ook in de zogenaamde kleermakerszit kan zitten of ook op een stoel. Het punt is dat je lichaam een solide basis op de aarde nodig heeft. Soms moet je daarvoor experimenteren met een hoger kussen, zodat je knieën de grond raken en je stevig zit: onwankelbaar als een berg.

3 Handen als een kom in de schoot of op de knieën

Handen in de schoot wordt aangeraden in de Zentraditie. Dit is meer voor concentratie. Handen rustend op de knieën met de handpalmen naar beneden wordt aangeraden in Dzogchen. Dit heeft het effect dat de geest meteen op natuurlijke wijze tot rust gebracht wordt.

4 Schouders open

Schouders open als de vleugels van een grote vogel, zodat je je armen niet krampachtig tegen je lichaam drukt.

5 Kin een beetje in

Kin een beetje in, zodat er een rechte lijn loopt van je stuitje naar de kruin van je hoofd.

6 Mond een beetje open

Er zijn tradities waarbij expliciet door de neus geademd wordt, maar de hogere tradities houden de mond een beetje open. Sommige leraren raden aan het puntje van de tong tegen het gehemelte te houden. Je ademt door je mond en een beetje door de neus. Op deze wijze kunnen de karmische winden makkelijker je lichaam verlaten.

7 Blik langs het puntje van de neus

Je ogen zijn halfopen en zeker niet gesloten, hoewel je ze om te beginnen even dicht kan doen om je aandacht naar binnen te richten. Open ogen maken dat je niet zo snel in slaap valt en je sluit je nergens voor af. Je blik is naar beneden gericht en richt zich op niets in het bijzonder. Door je blik te richten kun je twee grote obstakels in de meditatie overwinnen: een wilde geest en een duffe geest. Wanneer je slaperig bent, richt je je blik een beetje omhoog. Wanneer je te opgewonden bent, richt je je blik een beetje meer naar beneden.

De ademhaling

De houding van het lichaam inspireert de houding van de geest en vice versa. Wanneer je zo zit merk je waarschijnlijk dat je nog steeds door gedachten en gevoelens afgeleid wordt. Daarom geef je je geest een object om zich op te richten. Daarmee leid je de geest af van de afleiding. Zo laat je bijvoorbeeld je blik rusten op een steen, een bloem, een kaars of iets wat je inspireert en aan het onderricht herinnert, zoals een boeddhabeeld. Het is niet de bedoeling je over te concentreren, maar ongeveer 25 procent van je aandacht te richten op het object van meditatie. 25 procent van je aandacht is zich gewaar dat je je aandacht richt, en waakzaam dat je niet afdwaalt. De overige 50 procent van je bewustzijn is ontspannen aanwezig in de ruimte.

Een zeer bekende methode is het gebruik van de ademhaling als object van shamathameditatie. Ademen doe je altijd. Het stroomt in en uit, is de verbinding tussen lichaam en geest en brengt je onmiddellijk uit dagdromen over verleden en toekomst in contact met het huidige moment. Daarom is het een buitengewoon geschikt middel voor aandachtsmeditatie. Focus vooral op het uitademen en laat daarbij alle spanning, gedachten en emoties los.

Houding van de geest

De geestelijke houding is een houding van openheid en ontspannen concentratie. Je bent relaxed, maar ook alert. Je verwelkomt alle gedachten en emoties, houdt niets tegen, onderdrukt niets, maar grijpt ook nergens naar. Je volgt je gedachten dus niet, of ze nou inspirerend, vervelend of gewoon zijn. Je laat ze voor wat ze zijn; enkel maar gedachten. Op deze wijze komt de geest op natuurlijke wijze tot rust. Je voedt geen gedachten of emoties met verhaallijnen. Zonder die voeding komen ze tot rust. De geest vindt op deze wijze zijn natuurlijke helderheid terug, net zoals een glas modderig water vanzelf weer helder wordt als je het met rust laat. De discipline is dus niet afgeleid worden door wat opkomt en, zodra we merken dat we afgeleid worden, terug te keren met onze aandacht naar de ademhaling. Als hulpmiddel wordt in de vipassana geleerd om iedere gedachte die opkomt te labelen als gedachte en dan weer terug te keren. In Zen wordt beginners aangeraden de adem tot tien en weer terug te tellen om zo de concentratie te oefenen. Het valt snel op dat dit helemaal niet meevalt en dat we ontzettend veel gedachten hebben en voortdurend met onze geest alle kanten op gaan. Dit is het begin van het proces van bewustwording van je geest.

Als je doorgaat met beoefenen wordt je geest langzamerhand rustiger en je ademhaling dieper. Je voelt dat je bekken zich vult bij de inademing en zich bij uitademing weer intrekt. Je merkt dan dat er een open ruimte is, een pauze tussen uit- en inademing. Die pauze tracht je zonder te forceren te verlengen. Hier rust je in en vind je de stille plek van je geest. Het gat tussen uit- en inademing is als de opening tussen twee gedachten. Daar kom je thuis. Vanuit die stille plek kun je je geest gaan observeren. Gedachten en gevoelens komen en gaan zonder dat ze je storen. Er is ruimte om gewoon aanwezig te zijn, zonder iets speciaals te hoeven doen.

Werken met je geest

Wanneer je geest kalm is geworden, kijk je naar wat er opkomt. Vaak zie je allerlei dingen die je nooit eerder waren opgevallen. Ineens zie je je eigen gewoontepatronen. Alles wordt een avontuur. Dit strekt zich uit in de postmeditatie in het dagelijks leven. Je hebt een methode gevonden waarbij je, door afstand te nemen van je gedachten en emoties, de gewoontepatronen van je reacties en hoe je met de dingen omgaat scherper gaat zien. Dit geeft kracht en hoop. Sommige dingen die je ziet zijn misschien echter niet zo leuk. Je dacht altijd een toffe kerel of meid te zijn en ineens valt het je op dat je ook allerlei zelfzuchtige gedachten en gevoelens hebt, die zich niet zomaar laten ontkennen. Het kan een schok zijn te ontdekken hoezeer we met onszelf gepreoccupeerd zijn. In plaats van ontmoedigd te raken zouden we ons echter moeten verheugen in het besef dat dit een teken is dat onze meditatie werkt als middel bij het ontmaskeren van ons ego. We beginnen de *Waarheid van het Lijden* te zien en komen daarbij emotionele verwarring tegen. Een misschien schrale troost is te merken dat we daar geenszins alleen in staan. Het is dan belangrijk om een houding van nietoordelen en vergeven aan te nemen. Liefde en compassie beginnen bij jezelf en kunnen zich vervolgens uitbreiden naar anderen. Alleen met die houding kun je dingen goed verwerken, loslaten en jezelf op een gezonde manier leren kennen.

Kijk op je kussen naar je onzekerheden. Ze leiden naar je diepste gehechtheden, die altijd weer te maken hebben met het grijpen naar een zelf. Zo kom je de *Waarheid van de Oorzaak van het Lijden* op het spoor. Enkel mediteren en naar je gedachten en emoties kijken is echter niet genoeg. Het leidt alleen maar tot meer overgevoeligheid en geprikkeldheid. Bedenk dan hoe het zou zijn om je hele leven geleefd te worden door je gehechtheden en neurotische patronen. Dat perspectief geeft de moed om ook daadwerkelijk de remedie toe te passen. Gebruik de geest die van nature in staat is tot zelfreflectie om de gehechtheden en onzekerheden te doorsnijden.[18] Door niet te fixeren en gevoel voor humor te bewaren, blijft het licht en is er bewegingsruimte om te veranderen en te genieten.

Aanwezig zijn in het huidige moment

De aandacht voor ademhaling brengt ons meer en meer in contact met dit moment. Er zijn weinig dingen zo bevredigend als echt diep ademhalen. Wanneer je gewoon enkel aanwezig bent, voel je meer dan ooit dat je leeft en helemaal niets hoeft te bewijzen of te doen om je goed te voelen. Alleen of eenzaam zijn is geen probleem. Grijpen is niet nodig. Het is goed zoals het is. Doordat je niet naar buiten projecteert, zuivert zich je kenvermogen. Dan begin je een glimp op te vangen van je innerlijke natuur. Dit inspireert tot meer ontspannen en loslaten vanuit het zien van het ongegronde van de angst om te zijn of niet te zijn. Zo worden de oorzaken van lijden weggenomen.

Op een gegeven moment versmelt je als het ware met je ademhaling en kan je de methode van aandacht op de ademhaling loslaten en rustig verblijven in het nu. Een gevaar daarbij is dat we dan van het nu weer een subtiel object maken. Daaraan moeten we ook voorbijgaan, zodat de dualiteit tussen nu en degene die zich bewust is van het nu wordt opgeheven. Dan verwerkelijken we de eenpuntigheid van shamatha en zijn we er klaar voor de grote ruimte en het heldere zien van vipashyana te ontdekken. Je kan de verduisteringen van je geest niet wegwerken door enkel kalm te verwijlen, je hebt ook het scherpe inzicht van de onderscheidende wijsheid (*prajna*) van vipashyana nodig dat door de illusies en gehechtheden van de geest snijdt. Dit komt wanneer de leegte van het zelf gerealiseerd wordt. Je ziet en ervaart dan dat ego een illusie is, die je helemaal niet nodig hebt. Je vangt een glimp op van de *Waarheid van het Ophouden van het Lijden*. Volledige verlichting mag dan misschien ver weg zijn, te leven vanuit het verlichte zien dat de dharma leert en dat zich gaandeweg op het pad verdiept en verhelderd is echt niet onmogelijk. De glimp van openheid die je hebt ervaren inspireert je verder de *Waarheid van het Pad naar het Ophouden van het Lijden* te beoefenen.

De training in shamatha heeft als vrucht de eenpuntige concentratie van niet afgeleid zijn. Wanneer dit verfijnd wordt, is het als de punt van een potlood dat meer en meer geslepen wordt, tot het oplost in de ruimte. Een andere bekende vergelijking is dat shamatha is als een glazen bol, die zorgt dat de vlam van vipashyana niet beweegt, waardoor we helder kunnen zien.

Voor beginners is het goed om in korte sessies te beoefenen. Vijf minuten zitten, dan weer een minuutje pauze waarin je de methode loslaat, maar niet de opgebouwde aandacht. Zo word je niet slaperig en blijft de methode fris. Later kan je dan proberen langere sessies te zitten. Meditatie heeft meer effect in je leven wanneer je iedere dag bijvoorbeeld minstens vijf of tien minuten zit, ook al heb je geen zin, dan wanneer je af en toe twee uur zit, omdat je geïnspireerd bent en dan weer twee weken niet. Alleen door een vaste discipline van meditatie kan meditatie een 'ik' overstijgende kwaliteit krijgen en een kracht van transformatie in je leven worden.

Voor de meest gevorderde beoefenaars versmelten shamatha en vipashyana zich ten slotte tot 'één smaak'. Zij bereiken dan het stadium waarin ze niet mediteren en toch niet afgeleid zijn. Dan ben je door meditatie zo vertrouwd geworden met de natuur van de geest dat, in de woorden van de Tibetaanse Dzogchen-meester Dudjom Rinpoche (1904-1987): 'De beoefenaar wel de meditatie kan verlaten, maar de meditatie niet de beoefenaar.'

Het wiel van geluk

Het achtvoudige pad omvat het gehele scala aan activiteiten van lichaam, spraak en geest van de Drie Hogere Trainingen. Juiste spraak, handelen en levenswijze ontwikkelen zich uit *Morele Discipline*; juiste aandacht en concentratie ontwikkelen zich door de beoefening van *Meditatie*; juiste (in)zicht, intentie en inspanning ontwikkelen zich middels de training in *Wijsheid*. De drie hogere trainingen worden gerelateerd aan de *Tripitaka*, de drie categorieën van het onderricht. Discipline is het hoofdonderwerp van de *Vinaya*, het wordt beschouwd als middel tegen begeerte; meditatie is gerelateerd aan de soetra's, het is het middel tegen haat en agressie; wijsheid is het onderwerp van de *Abhidharma*, het middel tegen onwetendheid en begoocheling.

Het doel van de discipline is het vereenvoudigen van je leven door op geschikte wijze te handelen. Het is een manier om je geest helder te maken en schept de juiste omgeving die bevorderlijk is voor een positieve en een gelukkige staat van geest. Meditatie is de methode om je geest te transformeren. Wanneer de verwarring van de geest getransformeerd is, daagt de wijsheid (*prajna*). Met wijsheid vereenvoudig je je leven verder, hetgeen meer discipline brengt, omdat de wijsheid je de helderheid geeft welke houding je moet cultiveren en welke loslaten. Zelfs in een complexe maatschappij kan je dan innerlijke eenvoud ontwikkelen. Wanneer je leven eenvoudig is, heb je meer tijd en mogelijkheden om meditatie te beoefenen. Door middel van meditatie zuiver je je aandacht en je gewone dualistische geest zodat de wijsheid van je oorspronkelijke natuur de kans krijgt zich te manifesteren. Discipline ondersteunt dus de meditatie, door meditatie ontwikkel je wijsheid, en wijsheid schept een omgeving van grotere eenvoud in je geest, die inspireert tot meer discipline enzovoort. Dit is het voortdurend draaiende 'wiel van geluk' dat het 'in een kringetje ronddraaien' (samsara) tegengaat en uiteindelijk leidt naar nirvana.

In de Theravadatraditie en het basisvoertuig wordt nirvana beschouwd als de absolute waarheid, de volledige realisatie van de dingen zoals ze zijn: altijd veranderend en zonder permanente essentie of zelf. De tendens het zelf te beschermen of ernaar te grijpen is uitgedoofd. Er wordt gezien dat een dergelijk zelf nooit bestaan heeft en nooit iets anders was dan een voorbijgaande stroom gedachten en emoties gebundeld onder een label genaamd 'ik'. Alle ontevredenheid en onrust van onbestemde verlangens zijn verdwenen en een staat van onwankelbare vrede en geluk manifesteert zich als de natuur van de geest. Nirvana is een toestand die in dit leven bereikt kan worden en dus niet zoals in veel religies pas na de dood. Dit wordt nirvana met overblijfsel (het lichaam) genoemd. Op het moment van sterven gaat men dan het *paranirvana* (zonder overblijfsel) binnen. In het basisvoertuig is het doel van de beoefenaar dan bereikt. Men wordt een *arhat*, 'iemand die de vijand overwonnen heeft'. De arhat heeft zich bevrijd van de cyclus van geboorte, ouderdom, ziekte en dood. Hij heeft de drie vergiften onwetendheid, begeerte en agressie geëlimineerd (*nirodha*) en de afwezigheid van een zelf gerealiseerd. De staat van arhatschap is de vrucht van het basisvoertuig van individuele bevrijding, maar in de visie van het grote voertuig van universele bevrijding, het mahayana, nog niet de staat van volledig boeddhaschap. Een arhat kan daarvoor de weg van leegte en mededogen gaan door een *bodhisattva* te worden en uiteindelijk volledig boeddhaschap bereiken.

4 Sangha: de eerste gemeenschap van beoefenaars

Het vormen van een gemeenschap van beoefenaars

Nadat Boeddha het onderricht over de Vier Edele Waarheden voor de eerste keer gegeven had, bleek dat zijn vijf oude makkers inderdaad slechts weinig onderricht nodig hadden om tot diep inzicht te komen. Verteld wordt hoe Kaundiya als eerste de grootsheid van het onderricht herkende. Alle vijf werden ze Boeddha's leerlingen. Ze gaven die handelingen op waarvan de Boeddha zei dat ze schadelijk voor anderen en hun spirituele ontwikkeling waren, en ze werden tot monnik gewijd. Zo werden zij de eerste leden van de Sangha, de gemeenschap van beoefenaars. Hierna trok de Boeddha 45 jaar lang door het noorden van India om te getuigen van het feit dat iedereen net als hijzelf verlichting kan bereiken. De Boeddha onderwees iedereen: koningen, bedelaars, mannen, vrouwen, oud en jong. Sommigen van hen werden monniken en nonnen, anderen bleven leek. Bij bepaalde gelegenheden kwamen duizenden mensen samen, maar toch vormden de volgers van de Boeddha een minderheid in de regio en leefden zij naast beoefenaars van India's andere religies.

Gezegd wordt dat de Boeddha 84.000 lessen onderwees om de 84.000 kwalen van de wereld te overwinnen. Niet al dat onderricht is nu nog bekend. Het dharmaonderricht dat in deze periode werd gegeven, is pas veel later opgeschreven, omdat het in die dagen niet zo gebruikelijk was om dingen op te schrijven en er slechts heel weinig mensen lezen en schrijven konden. Naarmate meer en meer mensen geraakt werden door de wijsheid en compassie van de Boeddha groeide de sangha. Dit wekte de nieuwsgierigheid en soms ook jaloezie op van andere *shramana's*, rondtrekkende yogi's. Zij kwamen vaak met hun eigen leerlingen om de Boeddha en zijn onderricht te testen. Velen van hen werden leerlingen van de Boeddha en zo groeide de sangha met horten en stoten tot in de tienduizenden.

In het eerste regenseizoen na zijn Ontwaken verbleef de Boeddha in Sarnath. Het was onhandig om te reizen. Vele shramana's bleven bij hem en zo werd de eerste regenretraite gehouden. De retraite van drie maanden in het regenseizoen werd een institutie in het boeddhisme en tegenwoordig worden er in het Theravadaboeddhisme in Thailand nog steeds regenretraites gehouden.

Al snel verzamelden zich zestig arhats rond de Boeddha. Omdat mensen van heinde en ver reisden om de Boeddha te horen spreken zond deze zijn arhats als representanten door het land. Zo ging Asvajit, een van de eerste vijf monniken, naar Rajgir. Zijn heldere verschijning trok de aandacht van Shariputra, een yogi uit het nabijgelegen Nalanda. Asvajit gaf een korte samenvatting van het onderricht van de Boeddha, '*om yé dharma...*': 'Alle verschijnselen ontstaan door een oorzaak, zo ook hun ophouden. Dit is het onderricht van de *Tathagata*, de Grote Wijze.' Hierop verkreeg Shariputra groot inzicht en onderwees hij dit in zijn ashram aan zijn vriend Maudgalyayana, die ook onmiddellijk groot inzicht verwierf. Dit dubbele ontwaken was van groot belang voor de ontwikkeling van de sangha, want hieruit bleek dat de vonk van het onderricht was overgebracht zonder dat de Boeddha fysiek aanwezig was op iemand die hem nog nooit had ontmoet. Shariputra en Maudgalyayana vertrokken samen met 250 volgelingen naar de Boeddha. Toen de Boeddha de twee zag komen aanlopen zei hij onmiddellijk dat dit zijn belangrijkste leerlingen zouden worden. Shariputra werd beroemd om zijn wijsheid en onderscheidend vermogen en Maudgalyayana om zijn psychische krachten. Op afbeeldingen staan zij vaak aan weerszijden van Boeddha Shakyamuni geschilderd.

De sangha groeide en na verloop van tijd moest de Boeddha de wijding van nieuwe monniken aan anderen overlaten. Hij ontwikkelde een formule hiervoor en dit was het eerste moment dat de sangha onafhankelijk van de Boeddha ging functioneren. Shariputra werd gekozen als bewaker van de voorschriften. Naast Shariputra en Maudgalyayana kende de sangha nog andere brahmanen die een prominente plaats innamen. Zo was er Katyayana, een hofpriester die wordt gezien als de vader van de boeddhistische exegese. De Boeddha roemde hem met de woorden: 'Uitmuntend onder hen die uitgebreid analyseren wat bondig gezegd is.' Een ander was de strenge Mahakashyapa, die zeer strikt was in ascetische discipline en een meester in meditatie (*dhyana*). Hij wordt gezien als vader van de Zentraditie. De sangha stond echter open voor iedereen van alle kasten en ook onaanraakbaren. Zo was Upali, de kapper van Kapalivastu, van een lage kaste, maar uiterst gerespecteerd in de sangha vanwege zijn kennis van de Vinaya.

Vaak maken westerlingen het verwijt dat de Boeddha vrouw en kind verliet om zijn eigen religieuze doelen na te streven. Zij denken dat dit zelfzuchtig was en zeker geen voorbeeld voor anderen. Zijn blik was echter veel ruimer dan enkel te zorgen voor zijn eigen familie. De geschriften vertellen hoe de Boeddha terugkeerde naar de regio waar hij opgroeide om daar openbare lessen te geven. Zijn tante Mahaprajipata, de vrouw die hem opvoedde, en haar bedienden, werden de eerste nonnen in de sangha. In de traditionele Indiase samenleving was de toetreding van vrouwen tot de monastieke sangha een bijna nog grotere schok dan het toelaten van mensen uit de lage kasten. Aanvankelijk twijfelde de Boeddha dan ook of dit niet een averechts effect zou hebben, maar op speciaal verzoek van zijn neef, de geniale Ananda, heeft hij erin toegestemd om Mahaprajipata en de andere vrouwen volledig tot non te wijden. Voor díe tijd, in díe samenleving was dat een revolutionaire daad. Ananda was de laatste twintig jaar van Boeddha's leven zijn bediende. Hij speelde een belangrijke rol bij de verdere ontwikkeling van de sangha en had vanwege zijn bemiddeling voor Mahaprajipata zijn leven lang een groot gevolg van nonnen. Ook Boeddha's zoon Rahula werd een volgeling van de Boeddha en tot monnik gewijd. Zelfs zijn vader verzoende zich uiteindelijk met de levenswijze van de Boeddha en respecteerde hem als een religieus leraar.

Verhalen over het leven van de Boeddha

De verhalen over Boeddha's vijfenveertig jaar lange leven als leraar tonen ons hoe hij met anderen omging, hoe hij zijn boodschap overbracht, en hoe anderen hem zagen. Ze bevatten allerlei elementen van zijn onderricht en illustreren zijn waarden en begrip van het leven. Bovendien vertellen deze verhalen ons over de sociale context waarin de Boeddha leefde, het geloof en de vooroordelen van die dagen, en de wijze waarop de sangha zich ontwikkelde. De volgende verhalen laten zien hoe Boeddha met iedereen open en liefdevol omging, ongeacht hun sociale status of wat ze op hun kerfstok hadden. Ze tonen hoe Boeddha bepaalde sociale waarden van zijn tijd verwierp en altijd de weg van vrede en geweldloosheid verkoos.

Angulimala
Op zijn trektochten vond de Boeddha op een dag het dorp Savatthi geheel verlaten. De mensen waren in doodsangst gevlucht, omdat de beruchte moordenaar Angulimala in de buurt zou zijn. Hij had een vinger van al zijn slachtoffers afgesneden en droeg nu 99 vingers in een halsketting om zijn nek, hetgeen hem de naam Angulimala, 'vingerketting', had gegeven. Deze Angulimala volgde een obscuur pad waarbij het doden van mensen hem magische kracht zou geven. Hij had nog één slachtoffer nodig om het honderdtal rond te krijgen. Ondanks deze geruchten wandelde de Boeddha zoals gewoonlijk rustig over de weg. Plotseling hoorde hij het geluid van voetstappen achter zich. Het was Angulimala. Deze riep hem toe: 'Hé monnik, stop eens! Stoppen!' De Boeddha liep echter kalm verder. Toen Angulimala hem had ingehaald, zei hij boos tegen de Boeddha: 'Ik zei dat je stoppen moest, man. Waarom stop je niet?' De Boeddha keek hem rustig aan en zei: 'Ik ben reeds lang geleden gestopt. Jij bent degene die niet gestopt is', en liep weer verder. Angulimala was stomverbaasd door dit antwoord. Hij blokkeerde het pad van de Boeddha en dwong hem stil te staan. De Boeddha keek hem nu als ware hij een vriend of een broer recht in de ogen. Angulimala had nog nooit iemand ontmoet die zo veel rust en sereniteit uitstraalde, en die bovendien niet in afschuw van hem wegrende. Zijn nieuwsgierigheid was gewekt. Waarom voelde deze monnik geen angst? En wat was dat allemaal over stoppen en niet stoppen?

De twee mannen begonnen een gesprek waarin de Boeddha uitlegde dat hij had geleerd te stoppen anderen schade te berokkenen en lijden toe te brengen. 'Iedereen heeft angst om te sterven en het is de plicht van een monnik om het leven te beschermen en het niet te vernietigen,' zei hij. Angulimala was hier cynisch over: 'Mensen houden helemaal niet van elkaar, ze zijn wreed en onoprecht. Waarom zou ik van andere mensen houden?' De Boeddha antwoordde hierop: 'Misschien zijn er wrede mensen in de wereld, maar er zijn ook heel veel vriendelijke mensen. Mijn pad kan wreedheid in vriendelijkheid transformeren. Jij bewandelt nu de weg van de haat, maar het is aan jou: je zou in plaats hiervan de weg van liefde en vergeving kunnen gaan.' Dit verwarde Angulimala, die nog nooit zo toegesproken was, maar hij kon voelen dat de Boeddha uit liefde sprak en zijn respect verdiende. 'Het is jammer dat ik je niet eerder ontmoet heb,' zei hij, 'maar ik ben al te ver gegaan, ik kan niet meer terugkeren.' 'Nee,' zei de Boeddha nu krachtig, 'het is nooit te laat.'

Hun discussie ging zo nog een tijdje voort en aan het eind knielde Angulimala voor de Boeddha neer en legde de gelofte af zich van zijn slechte pad af te keren en de Boeddha te gaan volgen. Hij werd tot monnik gewijd en deed zijn best om op de juiste wijze meditatie te beoefenen en een gedisciplineerd leven te leiden. Zelfs de Boeddha was verbaasd over de snelheid van zijn transformatie. Slechts twee weken nadat Angulimala monnik was geworden, straalde hij reeds sereniteit en stabiliteit uit. De andere monniken gaven hem de bijnaam 'Ahimsaka', 'de geweldloze'.

Sunita

De Indiase sociale orde was en is tot op zekere hoogte nog steeds gebaseerd op het hindoeïstische kastenstelsel bestaande uit vier klassen of kasten (letterlijk betekent *varma* 'kleuren'): priesters, krijgers, boeren en dienaren. Sunita was een dakloze 'onaanraakbare'. Dit is iemand die zo laag in aanzien stond, dat hij zelfs buiten het kastenstelsel viel. Iemand van een hogere kaste zou bijvoorbeeld nooit met hem gelijktijdig gaan eten. Sunita leefde van het stratenvegen. Het was toen de gewoonte dat wanneer iemand van een hogere kaste naderde, de persoon van de lagere kaste netjes afstand hield. Toen hij op een dag aan het vegen was, zag hij de Boeddha met een groepje monniken aan komen lopen. Tevergeefs zocht hij een plekje om zich terug te trekken. Het beste wat hij kon doen om zich uit de voeten te maken was zichzelf vlak tegen een muur te drukken en zijn handen te vouwen ten teken van respect. Tot zijn ontzetting liep de Boeddha recht op hem af, maar in plaats van kwaad te worden, zoals hij verwacht had, sprak de Boeddha hem vriendelijk toe. Hij vroeg of Sunita zijn werk als veger wilde opgeven en hem wilde volgen. Sunita was verbijsterd en verrukt. Hij was eraan gewend om altijd gecommandeerd te worden en niemand had hem ooit op een respectvolle en vriendelijke manier aangesproken. Hij nam de kans dan ook met beide handen aan en de Boeddha wijdde hem ter plekke tot monnik. Mettertijd werd Sunita een gerespecteerde en geleerde monnik.

Devadatta

Devadatta was het jaloerse neefje van de Boeddha. Ze groeiden samen op en volgens de verhalen was het nogal een vervelend ventje. Zo vond hij het leuk om een zwaan neer te schieten en was verbolgen over het feit dat de jonge Siddharta, ook toen al een mededogend hart, de zwaan probeerde te redden. Als volwassene werd Devadatta weliswaar een monnik en volger van de Boeddha, maar dit ging met grote strijd en moeite gepaard. Als archetypische ruziezoeker deed hij maar liefst drie aanslagen op het leven van de Boeddha. De eerste keer huurde hij een groepje moordenaars in om de klus te klaren, maar zij raakten zo ontroerd door de overtuigingskracht waarmee de Boeddha predikte, dat zij zich bekeerden. Dat schoot niet op. De tweede keer probeerde Devadatta het daarom zelf maar. Hij klom naar de top van de Gierenberg en wierp een grote rots naar beneden waar de Boeddha op het nippertje aan ontkwam. De Ontwaakte raakte slechts lichtjes gewond, dus was ook deze aanslag mislukt. Voor de derde aanslag zette Devadatta daarom grof geschut in. Deze keer moest succesvol zijn. Hij stuurde een wilde olifant op de Boeddha af om hem aan te vallen. De olifant stormde inderdaad op hem af, maar toen hij naderbij kwam remde hij onverwachts vaart en werd opvallend tam. De liefdevolle aanwezigheid van de Boeddha bracht de woeste olifant als vanzelf tot rust.

Toen het niet lukte om de Boeddha te vermoorden, probeerde de arme Devadatta zijn gram te halen door een schisma in de sangha te bewerkstelligen. Hij stichtte een rivaliserende groep, maar uiteindelijk ontbrak ook hiervoor de steun in zijn omgeving. Devadatta had geen gemakkelijk leven. Het doden van een heilige en tweespalt in de sangha zaaien hebben, naast het doden van je ouders die je dit kostbare leven geschonken hebben, het meest negatieve karma dat je maar kan bedenken. De verhalen over Devadatta laten zien dat ondanks al Boeddha's bijzondere kwaliteiten niet iedereen onmiddellijk van hem ingenomen was. Ze tonen echter ook de houding van geweldloosheid die de Boeddha etaleerde in situaties waarin hij werd aangevallen. Aan het eind van Devadatta's leven, na een lange ziekte, had deze eindelijk spijt van zijn gedrag. Hij liet zichzelf op een draagbaar naar de Boeddha brengen en schreeuwde uit: 'Ik neem toevlucht in de Boeddha!' Hierna werd hij terug in de gemeenschap opgenomen en de Boeddha deed de voorspelling dat hij op den duur verlichting zou bereiken.

Zo trok de Boeddha door het Indiase land in de Gangesvallei. Hij onderwees, beantwoordde vragen en loste problemen op. Hij had geen vooropgezet plan of een dogmatische leer die hij probeerde te verspreiden. Zijn onderricht van de dharma was en is gericht op wat de mensen nodig hadden. De dharma is geworteld in de wijsheid van het absolute, niet in relatieve waarden. Aanvankelijk waren er helemaal geen uiterlijke morele regels. Het celibaat voor monniken ontstond bijvoorbeeld pas toen een van de monniken vertelde dat hij nog steeds met zijn vrouw sliep. De Boeddha zag dat hij gehecht bleef aan voortdurende seksuele bevrediging en dat dit hem afleidde van zijn meditatie en daarmee zijn spirituele ontwikkeling in de weg stond. Zo ontstond de regel van het celibaat voor de monastieke sangha. Op gelijke wijze kwam het verbod op alcohol en andere de geest vergiftigende substanties tot stand. Ze stonden de meditatieve concentratie in de weg. In plaats van iedereen telkens weer opnieuw het wiel te laten uitvinden had de ervaring geleerd dat je beter sommige dingen kon doen en andere kon laten. Zo ontstonden de regels van de Vinaya voor monniken en nonnen. Wanneer de beoefenaar ziet waarom er een regel is, dan wordt gezien dat de regels niet dienen om de geest in te perken, maar juist als middel om de geest te bevrijden.

Toevlucht nemen in de Drie Juwelen

De eerste stap op het pad naar geestelijke bevrijding en verlichting die de nieuwe leerlingen van de Boeddha zetten, en die nog steeds telkens weer door boeddhisten over de hele wereld gezet wordt, ongeacht van welke stroming of cultuur ze zijn, is het toevlucht nemen in de Boeddha, de Dharma en de Sangha. Dit gebeurt formeel door drie keer met volle overtuiging een formule te herhalen die Boeddha zelf ontwikkelde. In het Pali luidt dit:

Buddham saranam gacchami
Dhammam saranam gacchami
Sangham saranam gacchami.

Ik neem toevlucht tot de Boeddha,
Ik neem toevlucht tot de Dharma,
Ik neem toevlucht tot de Sangha.

In de oude Indiase cultuur werd met deze daad van het toevlucht nemen een verbond gesmeed en de bescherming van een machtig patroon geclaimd, wereldlijk of spiritueel. Het nemen van toevlucht hield dus ook in dat men de Boeddha als beschermer aanriep. Het richten op zijn zuivere geest is in zichzelf een bescherming tegen angst en verwarring, want de Boeddha weerspiegelt de helderheid van de eigen geest. De Dharma schenkt het begrip en de middelen en de Sangha is het juiste gezelschap dat je op het pad houdt. Belangrijker dan de formele, uiterlijke declaratie van toevlucht is voor beoefenaars de houding van de geest die je hebt in het dagelijkse leven. Waar neem je je toevlucht toe?

Iedereen heeft op bepaalde momenten behoefte aan toevlucht. Gaan we klagen? Zoeken we een zondebok? Of roepen we misschien toch stiekem die oude god weer aan? In vroeger tijden zochten mensen het in vooroudervering, het aanbidden van geesten en natuurwezens, of het ritueel slachten van dieren om hun angsten te kalmeren. Tegenwoordig gaat de één shoppen, de ander chocola eten of aan de fles, en een derde neemt weer toevlucht in de houding alsof er niets aan de hand is. Sommigen nemen toevlucht in extreem emotioneel gedrag en gaan van crisis naar crisis, terwijl anderen het zoeken in rationalisaties of cynisme. Dit wordt in het boeddhisme allemaal beschouwd als voorbeelden van tijdelijke bescherming of opluchting; het nemen van toevlucht in wereldlijke, materiële zaken en verkeerde zienswijzen. Zij bieden geen constante bron van bescherming, laat staan een weg naar geestelijke bevrijding.

De bewuste daad van het telkens weer toevlucht nemen tot de Boeddha, Dharma en Sangha als een bescherming tegen de illusies van de eigen geest wordt in het boeddhisme gezien als het formele onderscheid tussen een boeddhist en een niet-boeddhist. De Boeddha is de gids op het pad. Hij wijst de weg. De Dharma is de waarheid van de leer die hij onderwijst. De Sangha is de gemeenschap van beoefenaars die het onderricht in praktijk proberen te brengen, de medereizigers op het pad. Zonder deze Drie Kostbare Juwelen, Boeddha, Dharma en Sangha zou er geen boeddhisme bestaan. Toevlucht nemen uit angst voor wedergeboorte in de lagere werelden van hel, hongerige geesten en dieren is de minste motivatie. Toevlucht nemen om bevrijd te worden uit samsara en nirvana te bereiken is de gewone motivatie. De beste motivatie om toevlucht te nemen is om anderen te helpen zich te bevrijden uit de oceaan van lijden die samsara is en volledig boeddhaschap te bereiken.

Boeddha's paranirvana

In de *Mahaparanirvanasoetra* wordt het laatste levensjaar van de Boeddha verhaald. Het is in principe een devotionele tekst en omdat het pas veel later is opgeschreven is het niet altijd duidelijk of er inderdaad sprake is van de voorbode van bepaalde devotionele praktijken of dat dit er later is ingeschreven om deze praktijken middels de woorden van de Boeddha te legitimeren. De soetra verhaalt hoe de Boeddha in zijn 79ste levensjaar van Rajgir naar Vaisali trekt om daar zijn laatste regenretraite te doen. Na de retraite verblijft hij in een bostempeltje in de buurt en vertelt hij zijn verzorger Ananda dat, als hij zou willen, hij door zijn spirituele verworvenheid in staat zou zijn een hele *kalpa* (een aeon) te blijven leven. Blind voor de hint verzuimt Ananda hem te verzoeken dit ook inderdaad te doen. De Boeddha vertrekt daarop alleen naar een rustig plekje in het bos, alwaar hij opnieuw bezocht wordt door Mara. Deze zegt hem dat het tijd is voor zijn *paranirvana*, volledige losmaking van samsara, aangezien hij de dharma gevestigd heeft in de wereld en al zijn aspiraties zijn vervuld. 'Genoeg, Boze,' antwoordt de Boeddha. 'Spoedig zal de Tathagata's (de Boeddha's) paranirvana plaatsvinden. Binnen drie maanden is hij volledig ongebonden.' Deze woorden, en dit 'prijsgeven van de levenskrachten', zoals het genoemd wordt, gingen gepaard met een enorme aardbeving. Ananda, hierdoor opgeschrikt, ging op zoek naar de Boeddha en vroeg hem wat de oorzaak hiervan was. Toen hij Boeddha's antwoord vernam, vroeg hij hem alsnog voor een aeon te blijven leven. Op dit pijnlijke moment zegt de Boeddha echter dat de tijd voor dit verzoek nu voorbij is. 'Als een tathagata eenmaal iets heeft prijsgegeven, kan hij het niet meer opnemen.'

Die nacht roept de Boeddha alle monniken bijeen en geeft een opsomming van al het onderricht dat hij in vijfenveertig jaar gegeven heeft. Hij geeft geen nieuw laatste onderricht, maar herhaalt de hoofdpunten van wat hij zijn hele leven onderwezen heeft. Nooit had hij iets achtergehouden, hij was altijd open. Hij geeft aanwijzingen hoe de ware dharma te onderscheiden van wat niet dharma is. Hij zegt: 'Alles wat consistent is met wat al bekend is als dharma en vinaya kan geaccepteerd worden. Alles wat niet consistent is, wat de autoriteit ook moge zijn van degene die het zegt, dient verworpen te worden.' Hij uitte het volste vertrouwen in het feit dat als de monniken de mentale kwaliteiten uit het onderricht ontwikkelen dat ze dan volledige verlichting zullen bereiken. 'Wie categoriseert wat hij ervaart in termen van de Vier Edele Waarheden zal zeker ontwaken. Het onderricht zal voortleven zolang de volgers ervan het over de kwaliteiten ervan eens zijn en deze beoefenen. Het behoud van het onderricht is nu de verantwoordelijkheid van de sangha.'

Tezamen met Ananda en een grote groep monniken vertrekt Boeddha naar Pava, alwaar hij zijn laatste maaltijd eet bij de zilversmid Cundu. Hij loopt daarbij een ernstige voedselvergiftiging op, mogelijk van paddenstoelen. Boeddha verdraagt de pijnen in gelijkmoedigheid en loopt nog een behoorlijke afstand richting zijn geboortedorp tot aan Kushinagara, alwaar hij zich ziek neerlegt tussen twee salabomen. Als het donker wordt bezoekt de zwerver Subhadra hem en ondervraagt hem over de verlichte status van meesters van andere sekten. 'Alleen in een religie die het Edele Achtvoudige Pad onderwijst kunnen leden van de ideale sangha (verlichte meesters) gevonden worden,' antwoordde de Boeddha. Ananda ontvangt dan de laatste van Boeddha's bekeerlingen in de *bhiksu* (monniken) sangha.

Driemaal vraagt de stervende Boeddha aan de verzamelde monniken of ze nog vragen of twijfels over het onderricht hebben, maar iedereen blijft stil. De Boeddha toont nogmaals de reikwijdte van zijn compassie als hij een boodschap naar Cundu laat sturen dat hij geen spijt moet hebben van het aanbieden van zijn maaltijd, omdat het aanbieden van een maal aan een Boeddha met de grootste verdienste gepaard gaat. Aan hen die rouwen legt hij uit dat zij hem niet nodig hebben: hij heeft de dharma volledig uitgelegd en al wat zij nu moeten doen is dit beoefenen. 'Beschouw de dharma als je leraar in plaats van mij,' zegt hij. Aan de treurende Ananda vertelt hij hoe de deva's (goden) hem aanbidden met hemelse muziek, bloemen, wierook en gezang. Hij levert hier als commentaar op: 'Het is niet op deze wijze dat een tathagata (hij, die zo gegaan is, – een ontwaakte) vereerd, gerespecteerd of aanbeden wordt. Een monnik, non of lekenbeoefenaar die de dharma beoefent in overeenstemming met de dharma eert, respecteert en aanbidt de tathagata met de grootst mogelijke hulde op de best mogelijke wijze.' Later zijn deze woorden zowel uitgelegd als zou de Boeddha hiermee de aandacht van devotie voor hem naar de beoefening van de dharma willen verschuiven, als dat het eens te meer een blijk is van de zelfloze en nederige aard van de Boeddha, die alleen daarom al juist devotie verdient. De houding in de meeste boeddhistische tradities is dat alle twee deze interpretaties voor waar worden gehouden: devotie voor de Boeddha is beoefening van de dharma en omgekeerd.

Volgens de *Paranirvanasoetra* geeft de Boeddha op zijn sterfbed nu precieze aanwijzingen wat er moet gebeuren met zijn lichaam en hoe relieken hiervan in zogenaamde *stoepa's* over de windstreken verdeeld dienen te worden. Hij raadt ten slotte nog vier plaatsen aan waar beoefenaars pelgrimstochten naartoe kunnen maken om verdiensten te verzamelen: Kapalivastu, zijn geboorteplaats; Bodh-Gaya, de plaats van zijn ontwaken; Sarnath, waar hij zijn eerste onderricht over de Vier Edele Waarheden gaf; en Kushinagara, de plaats van zijn paranirvana.

Met de komst van het ochtendgloren geeft de Boeddha zijn laatste onderricht: 'Geconditioneerde dingen (samengestelde factoren) zijn van nature vergankelijk. Werk vol aandacht en niet-aflatend aan je realisatie!' Gelegen op zijn rechterzij, met zijn rechterhand onder zijn hoofd, in de leeuwenhouding, zoals dat op veel plaatsen in tempels in Thailand en Sri Lanka te zien is, stierf de Boeddha daarop de dood van een boeddha: beheerst, kalm en alert in meditatie. Hij doorloopt de vier stadia van dhyanameditatie, die gerelateerd worden aan de vorm en vormeloze dimensie en gaat vervolgens het paranirvana binnen. Net zoals hij ontwaakte in het bos, is het in het bos waar hij sterft. Aardbevingen markeren het moment van zijn dood. De monniken, met uitzondering van de gerealiseerde arhats, barsten in klaagzangen uit, totdat de Boeddha's neef Anuruddha de aanwezigen herinnert aan de vergankelijkheid van alle gefabriceerde dingen.

De volgende dag komt de bevolking van Kushinagara en houdt een zesdaagse wake met dans, gezang, muziek en offerandes van bloemenslingers en wierook. Op de zevende dag wordt het lichaam op de crematiestapel gelegd, maar het hout vat geen vuur. Op de vraag waarom niet, antwoord Anuruddha dat de goden willen wachten op de komst van de devote Mahakashyapa. Wanneer hij arriveert met een gevolg van vijfhonderd monniken omcirkelt hij met gevouwen handen verschillende malen het lichaam. Wanneer hij zijn hoofd gebogen tegen de voeten van het lichaam van de Boeddha legt, vat de houtstapel spontaan vlam.

Meteen na de crematie dreigt tussen de aanwezige koningen ruzie te ontstaan over de beenrelieken. Een brahmaan genaamd Drona komt tussenbeide en zegt dat dit niet gepast is, want het komt niet overeen met de dharma. Er worden tien stoepa's gebouwd in acht verschillende koninkrijken. Acht met beenrelieken, één met een urn met as en één met de houtsintels. 'Dit,' zo concludeert de soetra, 'is zoals het vanouds werd gedaan.'

De betekenis van de Boeddha in zijn tijd

Boeddha wordt door boeddhisten beschouwd als iemand die volledig ontwaakt is uit de droom der illusies en daarmee bevrijd van lijden. Uit compassie met hen die nog worstelen in samsara heeft hij onderwezen hoe iedereen zichzelf kan bevrijden door het onderricht in praktijk te brengen. Boeddha heeft altijd zijn goddelijke oorsprong ontkend. Eens, vele levens geleden, waren boeddha's gewone wezens, net als jij en ik. Door hun eigen inspanningen zijn ze ontwaakt en verlicht geworden. Een boeddha is superieur in de zin dat hij gezien heeft 'hoe het is', terwijl wij gewone stervelingen in onwetendheid en verwarring dwalen, en om die reden ongeluk en lijden kennen.

Buitenstaanders denken dat de Boeddha de stichter van het boeddhisme is, maar voor boeddhisten is het niet zo dat het onderricht, de dharma, door de Boeddha bedacht is. Voor hen is het zo dat de Waarheid (dharma) altijd hetzelfde is, maar niet gerealiseerd wordt. Tijd is zonder begin of einde en beweegt zich in grote uitgestrekte cycli. Na de dood van het ene universum ontstaat het volgende weer. In deze tijdspannen staat er nu en dan een religieus genie op die weet te ontwaken uit de cyclus van dood en wedergeboorte van voelende wezens. Hij of zij heeft de wijsheid de waarheid te begrijpen en de oneindige compassie deze aan de wereld van lijdende wezens te verkondigen. Volgens sommige boeddhistische tradities zijn er reeds vele boeddha's geweest in de tijd voor onze huidige menselijke geschiedenis en komen er nog velen in de toekomst. Sommige geschriften stellen dat er 1002 boeddha's in ons tijdperk zullen verschijnen. Boeddha Shakyamuni is gewoon de laatste in een eindeloze reeks boeddha's. De volgende boeddha wordt Boeddha Maitreya genoemd. Hij resideert momenteel in de Tushitahemel en zal volgens sommigen 30.000 jaar na Boeddha Shakyamuni verschijnen, wanneer de tijd rijp is. In de boeddhistische iconografie is hij te herkennen doordat hij zittend op een stoel wordt afgebeeld. Als we naar het boeddhisme kijken als een historische ontwikkeling, en niet zozeer vanuit het boeddhistische onderricht, dan kunnen we zeggen dat de Boeddha de stichter van een religie is die 2500 jaar geleden in India begon. Het boeddhisme is natuurlijk door deze historische context beïnvloed. Zijn oorsprong is met name nauw verweven met en gedeeltelijk een reactie op het hindoeïsme.

De Indusvallei werd al vanaf 6000 voor Christus bewoond. Vanaf 1500 voor onze jaartelling brachten Arische invallers uit het noorden van Iran en het zuiden van Rusland nieuwe impulsen en ideeën en zo ontstond de vedische cultuur gebaseerd op een groep teksten genaamd de *Veda's*. Veda is Sanskriet voor 'kennis'. De teksten zijn opgesteld door een naamloze groep wijzen en spreken over een universele, tijdloze waarheid. Er zijn verschillende goden, maar niet een enkele scheppergod en de drug soma speelde een belangrijke rol bij het indiceren van bijzondere geestestoestanden gedurende de rituelen. In de vedische religie was de exacte uitvoering van de rituelen heel belangrijk. Er waren vuuroffers en soms werden ook dieren geslacht om de natuurgoden te behagen. De Arische cultuur was zeer hiërarchisch en het kastenstelsel met priesters, krijgers, boeren en ambachtslieden, en dienaren ontstond. Deze laatsten waren outcasts die niet aan de rituelen mochten deelnemen omdat ze onzuiver zouden zijn.

Boeddha leefde aan het einde van de Vedische periode die van 1500-500 voor Christus loopt. Tegen het einde van deze periode begint het hindoeïsme zich te ontwikkelen onder invloed van een groep teksten genaamd de *Oepanisjaden*. Dit wordt *Vedanta* genoemd, de conclusie van de Veda. De nadruk in deze teksten verschuift van de publieke sfeer met dierenoffers naar de persoonlijke beleving met het offer van het ego en onze zelfzuchtige emoties. De Oepanisjaden spreken over de universele geest van het universum, Brahman. Het doel van de religie is het verenigen van de persoonlijke ziel, Atman, met de universele Brahman. De Veda's worden nog steeds beschouwd als hindoeïstische teksten, maar onder invloed van de Oepanisjaden worden dierenoffers uitgebannen en ontstaat een religie gebaseerd op gebed en devotie voor een groot pantheon aan goden en godinnen. In deze geschriften wordt ook gesproken over meditatie, yoga, karma en reïncarnatie. Het kastensysteem tekende zich meer en meer af als het dominante sociale systeem. In de periode dat de Boeddha leefde, waren er bewegingen die zich afkeerden van het orthodoxe brahmanisme. Veelal mannen gaven hun werk en families op en leefden als asceten in de bossen. Het is een van deze shramana die Siddharta Gautama inspireerde om het paleis te verlaten en het is deze levenswijze van rondtrekkende yogi die hij in de zes jaar voor zijn verlichting navolgde. Dergelijke hindoeasceten komen we nog steeds in India tegen. De bekendste shramana ten tijde van de Boeddha was Mahavira, de stichter van het jaïnisme. Jaïnisme staat strenge ascese en morele discipline voor. Zij geloven in karma, maar niet dat de intentie van het handelen daarbij belangrijk is. Doodt men bijvoorbeeld per ongeluk een insect dan is de karmische consequentie volgens de jaïns hetzelfde als dat je dit moedwillig gedaan zou hebben. Zoals we zagen is dat in het boeddhisme niet het geval. Het is niet duidelijk of Boeddha en Mahavira elkaar ontmoet hebben, maar in boeddhistische teksten worden de jaïns wel genoemd. Tegenwoordig leven er nog zo'n 4 miljoen jaïns in India.

Daarnaast waren en zijn er ook de sjamanistische volksreligies in India. Het geloof in geesten en demonen, voorspellingen, genezingen, en andere magische praktijken vormt de lokale dorpscontext van alle grote religies in Azië en eigenlijk overal in de wereld. Boeddhisme en ook hindoeïsme hebben hier altijd welwillend tegenover gestaan. Boeddha verwierp dergelijk volksgeloof voor de monastieke sangha, maar voor leken maakte hij weinig bezwaar. Boeddhisme ontwikkelde zich dus onder invloed van de Oepanisjaden, shramana's en natuurreligies. Het beïnvloedde het hindoeïsme, dat op zijn beurt ook het boeddhisme weer beïnvloedde en zo verder. De tijdloze waarheid van de boeddhisten stond dus zowel onder invloed van het hindoeïsme als dat het hindoeïstische ideeën verwierp.

Wat de Boeddha verwierp:
- de autoriteit van de vedische geschriften.
- dierenoffers.
- het gebruik van psychotropische middelen zoals soma, omdat ze geestelijke helderheid en controle verstoren.
- de hiërarchische structuur van de Arische maatschappij.
- het klassensysteem van kaste. Boeddha kwam zelf uit de *ksatrya*, krijgerkaste, en ging een religieus leven leiden terwijl dit geen voorgeschreven activiteit voor zijn kaste was. Ook uit het verhaal van Sunita blijkt dat hij iedereen in de sangha verwelkomde. Hoe iemand denkt en zich gedraagt vond hij belangrijker dan hun sociale status of komaf.
- extreem ascetisme. Boeddha had zelf ervaren dat het niet tot persoonlijke bevrijding leidt.
- iedere religie of filosofie die moraliteit ondermijnt. Hij onderwees een wet van morele causaliteit. Met goede daden kunnen we de toekomst veranderen.
- materialisme, omdat het het leven betekenisloos maakt en moraliteit zinloos.
- scepticisme. Boeddha noemde hen twijfelaars of 'palingworstelaars'. Ze staan altijd aan de kant en kunnen nooit handelen naar de keuzen

die ze vanuit hun wijsheid maken. Hun benadering leidt tot een impasse.

- het eenzame leven van de asceten. Boeddha adviseerde zijn monniken en nonnen in groepen en gemeenschappen te leven. Alleen leven voor lange tijd kan een schadelijk effect op de geest hebben.
- de concepten van Atman en Brahman zoals die in Oepanisjaden staan, omdat er geen empirisch bewijs of logische gronden voor hun bestaan zijn.

Wat de Boeddha accepteerde of herinterpreteerde:

- het idee van wedergeboorte. Dit was geïntroduceerd in de Oepanisjaden en geaccepteerd door veel ascetische groepen. Boeddha geeft een totale herinterpretatie en ontwikkelt het in groter detail.
- hetzelfde geldt voor karma of morele oorzakelijkheid. Hij is echter de enige leraar die een onderscheid maakt tussen moreel handelen en sociale plicht. Bovendien is zijn uitleg hoe karma werkt veel gedetailleerder dan in enig andere religie.
- het algemene Indiase idee dat lijden gerelateerd is aan onwetendheid en dat het doel van religie is om vrij van beide te worden. Dit idee komt ook uit de Oepanisjaden en wordt ook in het jaïnisme gevolgd. Boeddha heeft echter een andere visie over wat onwetendheid precies is en geeft zeer gedetailleerd aan hoe dit werkt in de geest en hoe lijden in stand gehouden wordt door het valse idee van een zelf of ego.
- Boeddha accepteerde de beweging uit de Oepanisjaden naar een persoonlijke religie, die zich bezighoudt met het werken met de eigen geest en emoties.
- Boeddha tolereerde volksreligies, maar devalueerde hun belang. Brahma, de verpersoonlijking van Brahman, geesten en zo meer, worden een relatief bestaan toegekend, maar zijn niet zo machtig als door het volksgeloof wordt toegedicht, want ze kunnen ons niet helpen vrij te worden van lijden. Monniken werd verboden zich bezig te houden met magische spreuken en amuletten, maar leken konden dit doen als ze wilden. Vanaf het begin tot aan de tegenwoordige tijd heeft boeddhisme op harmonische wijze geco-existeerd met volksgeloof in ieder land waar het zich naartoe verspreid heeft. Het is in dit licht opmerkelijk te noemen dat, nu het boeddhisme zich naar het Westen verspreidt, allerlei dialogen met wetenschappers en psychotherapeuten plaatsvinden.

Hoewel de Boeddha veel van de sociale en politieke waarden uit zijn tijd verwierp, nam hij nooit open een politieke positie in of stond hij politieke oppositie voor. Hij zocht nooit de confrontatie. Integendeel, de boeddhistische benadering is het respecteren van de wetten van het land waarin geleefd wordt, en waarin deze wetten fout zijn, geweldloze oppositie te voeren. We kunnen dat tegenwoordig nog zien bij de Dalai Lama in Tibet en Aung San Suu Kyi in Myanmar (Birma).

Boeddhisme, hindoeïsme en jaïnisme

We zien dus dat boeddhisme een gemeenschappelijke grond deelt met hindoeïsme en jaïnisme. Deze drie religies vormen de basis van het Indiase gedachtegoed:

- alle drie staan geweldloosheid, *ahimsa*, voor: de nadruk anderen geen kwaad te doen en het leven niet te schaden.
- alle drie geloven dat we telkens weer opnieuw geboren worden en dat onze handelingen alle volgende levens na onze dood bepalen.
- alle drie karakteriseren het leven als lijden als gevolg van onwetendheid en zien als het doel van religie onszelf te bevrijden uit dit lijden en deze onwetendheid. Kennis en wijsheid spelen een cruciale rol in dit bevrijdingsproces.
- alle drie de religies hebben hun eigen redenen om tolerantie te prediken ten opzichte van andere religieuze geloofsovertuigingen en filosofieën.[19]

De gemeenschappelijke grond van de Indiase religies is dus duidelijk verschillend van die van de monotheïstische godsdiensten judaïsme, christendom en islam. Wanneer we inzien dat de denkwijze van Indiase religies fundamenteel verschillend is, dan gaan we ook heel anders naar religie in het algemeen kijken. Dit is belangrijk want de huidige ideeën in de westerse filosofie zijn vaak gebaseerd op een visie op religie die enkel stamt uit de monotheïstische tradities uit het Midden-Oosten. Dat is jammer, want de problemen van de eenentwintigste eeuw verdienen een frisse benadering die niet geleid kan zijn door etnocentrisme of andere kleingeestige overwegingen.

5 Theravada: de weg van vrede en vriendelijkheid

In de *Pasadika Sutta* zegt de Boeddha:

> Vergelijk betekenis met betekenis, zin voor zin,
> Zodat dit zuivere onderricht zal voortduren en zich zal voortzetten,
> Zodat het zal voortbestaan voor het welzijn en geluk van velen,
> Uit liefde voor de wereld, voor de voorspoed, het profijt
> En de verdienste van goden en mensen.[20]

Het Eerste Concilie

Na het overlijden van de Boeddha begon een nieuwe fase in de geschiedenis van het boeddhisme waarin de aandacht verschuift van de persoon van de Boeddha naar het onderricht van de dharma. Boeddha zelf had gezegd dat wanneer hij er niet meer zou zijn, er de dharma zou zijn als gids op het pad. Mahakashyapa was gekozen als leider van de sangha en hij riep na Boeddha's paranirvana het eerste concilie van arhats bijeen in Rajgir, hoofdstad van het koninkrijk van Magadha. De belangrijkste leerlingen van de Boeddha werden gevraagd om het onderricht te reciteren zoals zij dat de Boeddha hadden horen vertellen. Een probleem was dat Ananda, die de laatste twintig jaar de persoonlijke verzorger van de Boeddha was geweest, nog geen arhat was en dus de bijeenkomst niet mocht bijwonen. Daarop instrueerde Mahakashyapa Ananda in strikte retraite. Sommige bronnen zeggen dat hij een spirituele crisis provoceerde in Ananda's geest. In zeer korte tijd bereikte Ananda nirvana en werd een arhat. Omdat Ananda zo'n goed geheugen had, begon hij als eerste het onderricht van de Boeddha te reciteren. Uit eerbied hadden de verzamelde arhats hun mantels op elkaar gestapeld als een troon voor Ananda om op te zitten. Iedere recitatie ving hij aan met de inmiddels gelauwerde woorden: 'Aldus heb ik vernomen', waarmee aangegeven wordt dat het niet verzonnen is, maar direct van de Boeddha komt. Vervolgens worden systematisch plaats en publiek van de onderricht benoemd, want de Boeddha was een echte 'communicator', die zijn onderricht toesneed op zijn publiek. Nadat de andere arhats en monniken die oorspronkelijk bij het onderricht aanwezig waren geweest, gevraagd waren of de recitatie correct was, verzocht Mahakashyapa de aanwezigen het onderricht uit het hoofd te leren. Dit laatste is altijd een belangrijk element gebleven in de boeddhistische traditie. Zo schrijft de Tibetaan Patrul Rinpoche (1808-1887):

> Vermijd de woorden te onthouden maar de betekenis te vergeten,
> Of de betekenis te onthouden maar de woorden te vergeten.
> Vermijd beide te onthouden maar zonder ze te begrijpen,
> Ze in verkeerde volgorde te onthouden, of ze foutief te onthouden.[21]

Het eerste concilie verdeelde het onderricht in drie verzamelingen, de *Tripitaka*. Ananda reciteerde de *soetrapitaka*, het onderricht over meditatie en het volgen van het pad naar nirvana, zoals bijvoorbeeld het onderricht over de Vier Edele Waarheden. Upali, de fameuze kapper uit Kapalivastu, reciteerde de *vinayapitaka*, de regels van morele discipline, zoals de 225 gedragsregels voor een monnik. Nadat zij klaar waren, herhaalde Mahakashyapa alle elementen van de geestelijke en fysieke werkelijkheid, die de Boeddha benoemd had, in de vorm van lijsten, zoals de vijf skandha's en de twaalfvoudige keten van oorzaak en gevolg. Deze werden verzameld in de *abhidharmapitaka*.

Na het overlijden van Mahakashyapa nam Ananda de leiding van de sangha op zich. Zo werd in de honderden jaren na het overlijden van de Boeddha het onderricht mondeling doorgegeven en op vreedzame wijze over India verspreid. Monniken en nonnen leefden in groepen. Al tijdens Boeddha's leven had de sangha grond gekregen en daar ontstonden de eerste kloostergemeenschappen, de *vihara's*. Voor hun voedsel gingen de monniken en nonnen met hun bedelnap langs de dorpsbevolking, zoals nog steeds in boeddhistische landen in Zuid-Azië gebeurd. In ruil voor voedsel ontvingen de leken onderricht, verdiensten (goed karma) en deden de monniken gebeden voor de bevolking.

Het Tweede Concilie

Naarmate de dharma zich in de loop der jaren ging verspreiden naar verschillende plaatsen, ontstonden er verschillende interpretaties van het onderricht. Mensen verschillen van karakter en hebben verschillende behoeften. Er ontstonden groepen die meer een strikte discipline nastreefden en andere die een lossere houding hadden met meer nadruk op het geestelijk inzicht. Honderd jaar na het eerste concilie werd daarom een tweede concilie gehouden, in Vaishali, om dit soort dingen uit te zoeken. Van de aanwezigen op dit concilie had niemand meer de Boeddha persoonlijk gekend. Het is dan ongeveer 350 v.Chr. Vanaf deze tijd ontstaat de eerste splitsing in de sangha tussen de School van de Ouderen, een voorbode van de Theravadatraditie, die zich naar Zuidoost-Azië verspreid heeft en de *Mahasanghika* (Grote Gemeenschap), een voorbode van het mahayana-boeddhisme, dat zich naar Noordoost-Azië verspreid heeft.

Terwijl alle boeddhistische scholen en tradities die in de loop der eeuwen zijn ontstaan het wel zo'n beetje met elkaar eens zijn over de Waarheid van het Lijden en de Waarheid van de Oorsprong van het Lijden, zijn er verschillen in opvatting en benadering ontstaan met betrekking tot de Waarheid van het Ophouden van het Lijden en de Waarheid van het Pad naar het Ophouden van het Lijden. Deze verschillen laten zich grof gezegd opdelen in de visie van het basisvoertuig, of het voertuig van individuele bevrijding (hinayana), zoals gevolgd wordt in de Theravadatraditie, en de visie van het grote voertuig, het mahayanaboeddhisme, met als speciale variant van het mahayana, het vajrayana. Het mahayana kan gezien worden als een verdere ontwikkeling van de fundamentele boeddhistische thema's zoals die in het basisvoertuig aan bod komen.

Waarom en wat er precies gebeurde op het tweede concilie hangt af van de bronnen die je erop naslaat: Ofwel duizenden monniken werden weggestuurd van het concilie, of ze vertrokken vrijwillig. De Theravadins zeggen dat het tweede concilie bij elkaar kwam omdat het sommige monniken aan discipline ontbrak. Ze namen geld aan en aten na het middaguur, hetgeen tegen de vinaya ingaat. Mahayanabronnen stellen dat op het tweede concilie over de aard van een arhat gedebatteerd werd. Een monnik genaamd Mahadeva twijfelde aan de perfectie van hen die claimden arhats te zijn. Hij zei dat ze hun begeerte nog niet hadden overwonnen, omdat ze nog natte dromen hadden. Ze waren niet alwetend, omdat ze vaak naar de weg moesten vragen. En ze hadden zelf ook nog steeds twijfels, want ze hadden hun kennis van anderen geleerd en het was niet gebaseerd op hun eigen ervaring.

De Theravadins beschouwen zichzelf als de houders van Boeddha's oorspronkelijke onderricht. De Mahasanghika's met hun meer liberale opvattingen zeggen dat hun interpretatie juist meer overeenkwam met Boeddha's oorspronkelijke intentie. Er ontstonden achttien, sommigen zeggen zelfs dertig, verschillende groeperingen. Het is natuurlijk niet verwonderlijk dat dit zou gebeuren aangezien het onderricht mondeling werd doorgegeven en India ook toen al een land van vele talen was. Bovendien is het onwaarschijnlijk dat iedereen al het onderricht onthouden had. Zo ontstaan al snel verschillen in nadruk. Dit heeft bijgedragen aan de ontwikkeling van het boeddhisme, omdat de verschillende scholen met elkaar in debat gingen en zo het onderricht verder exploreerden. Pas veel later, toen het onderricht werd opgeschreven, kregen de groeperingen een dermate verschillend filosofisch karakter dat we echt van verschillende boeddhistische scholen kunnen gaan spreken.

Keizer Ashoka

Als in zo veel religieuze tradities speelde de patronage van een wereldlijk leider een grote rol bij de verspreiding van het boeddhisme. Het is zelfs niet eens zo'n gek idee dat als keizer Ashoka er niet geweest was, we nooit over het boeddhisme zouden hebben gehoord. Hij kwam in 268 v.Chr. aan de macht in het koninkrijk Magadha, waarschijnlijk door het vermoorden van de troonopvolgers, inclusief zijn oudere broers. Met een aantal militaire veroveringen bracht hij bijna het gehele Indiase subcontinent onder zijn bewind. Daarmee werd hij de eerste leider die het subcontinent verenigde. Na een aantal zeer bloedige campagnes gruwelde hij zo van het geweld dat hij tot inkeer kwam. Contact met een monnik deed hem bekeren tot de principes van geweldloosheid van het boeddhisme. Hij transformeerde het boeddhisme van een van de vele niet-vedische groepen naar een staatsreligie. Overal werden stoepa's gebouwd. Hij zond missies om de dharma te verspreiden naar het westen (Syrië, Egypte, Macedonië), het noorden (Kashmir, Centraal-Azië), het zuiden (Sri Lanka) en het oosten (Birma en verder in Zuidoost-Azië). Hij paste boeddhistische waarden toe op het sociale, politieke en economische leven. Overal in zijn rijk zette hij inscripties op rotsen en richtte hij pilaren op met teksten die de mensen opriepen in vrede en harmonie met elkaar te leven. Hij stichtte scholen en ziekenhuizen. Hij instigeerde de traditie van pelgrimstochten naar de plaatsen uit het leven van de Boeddha. Langs de grote wegen liet hij putten graven voor de reizigers. Door de pilaar die hij oprichtte in Lumbini weten we dat daar de geboorteplaats van de Boeddha is. Ashoka was niet exclusief boeddhist, maar apprecieerde ook andere religies. Het volgende opschrift op een van zijn beroemde pilaren heeft nog niets aan relevantie ingeboet:

> Men zou niet alleen zijn eigen religie moeten eren en de religie van anderen veroordelen, maar ook, om deze of gene reden, andermans religie moeten eren. Door dat te doen help je je eigen religie te groeien en ben je ook dienstbaar aan de religie van anderen. Als je anders handelt, graaf je het graf van je eigen religie en tevens schaad je andere religies. Wie zijn eigen religie eert en andere religies veroordeelt doet dit weliswaar uit devotie voor zijn eigen religie, denkend: 'Ik zal mijn eigen religie prijzen', maar door dit te doen brengt hij zijn religie meer schade toe. Harmonie is goed. Laten we allen luisteren, en de bereidheid hebben te luisteren, naar de doctrines die door anderen beleden worden.[22]

Met name succesvol was de verspreiding van het boeddhisme naar Sri Lanka. Ashoka had een zoon en dochter gezonden, die een loot meebrachten van de bodhiboom uit Bodh-Gaya, waaronder de Boeddha verlichting realiseerde. In de koninklijke stad Anuradhapura werd een groot klooster gesticht, alwaar een afstammeling van de loot nog steeds een belangrijk pelgrimscentrum is. Jaren later, sommigen zeggen 88 v.Chr., werd hier het onderricht voor het eerst op schrift gesteld uit vrees dat het anders zou uitsterven. Dit opschrijven van de soetra, vinaya en abhidharma op bananenbladeren, die in drie manden verzameld werden, gebeurde daar in het Pali en staat bekend als het Palicanon. Het is het onderricht gebaseerd op deze teksten dat later in de Theravadatraditie naar Zuid- en Zuidoost-Azië is verspreid en dat door Theravadins gezien wordt als het oorspronkelijke boeddhisme, maar door anderen ook wel wordt aangeduid als het basis- of gemeenschappelijke voertuig. Volgens Theravadabronnen had Ashoka een derde concilie georganiseerd waarin de Theravada-interpretatie van het onderricht als de juiste naar voren werd gebracht. In mahayanabronnen is daar echter niets van terug te vinden.

Verspreiding van het Theravadaboeddhisme

In Sri Lanka had het boeddhisme vanaf het begin staatsprotectie. Het staat aan de basis van het Theravada. Toch waren er in de loop der eeuwen bedreigingen. Aan het begin van onze jaartelling leidde rivaliteit en hongersnood tot het voor de zekerheid opschrijven van het onderricht en het ontstaan van het Palicanon. In de elfde eeuw waren er hindoe-invallen vanuit Tamil Nadu, waarvan de sporen nog steeds voor verdeeldheid op het eiland zorgen. Monniken uit Birma moesten komen om de traditie van het wijden van monniken terug te brengen naar Sri Lanka. Vanaf de zestiende eeuw kwamen de Portugezen en de Nederlanders die met geweld hun christelijke visie aan de 'primitieve' eilanders probeerden op te leggen. Pas in de negentiende eeuw bloeide in Sri Lanka het boeddhisme weer op tot zijn oude status.

In de vijfde en zesde eeuw kwam het boeddhisme naar Birma, hoewel sommige bronnen zeggen dat Ashoka er al geweest was. In de elfde eeuw werd Pagan met zijn duizenden boeddhistische tempels, waarvan er nog steeds tweeduizend zijn, de eerste hoofdstad van het Birmese koninkrijk. Ook hier ging het boeddhisme in de loop der eeuwen van perioden van bloei naar verval. In de negentiende eeuw vond ook hier een renaissance plaats, net als in de naburige landen Laos en Cambodja, waar het Theravadaboeddhisme zich naartoe verspreid had. Het boeddhisme in deze landen heeft de laatste eeuw erg te lijden gehad onder oorlogen en communistische regimes, die ongekende wreedheden met zich meebrachten.

Een uitzondering is Thailand. Het boeddhisme kwam er voor het eerst in de derde eeuw. Na een periode van verval werd het door Sri Lankese monniken in de veertiende eeuw weer gerevitaliseerd. Tegenwoordig is Thailand het grootste boeddhistische koninkrijk in de wereld en staat het bekend om zijn tempels en gouden boeddhabeelden. Nog steeds wandelen de monniken in hun saffraanrode gewaden door de grote steden om offers in ontvangst te nemen van de leken. Volgens de Thaise constitutie moet de koning boeddhist zijn. Boeddhistische deugden als zachtmoedigheid en zelfbeheersing verdienen er traditioneel het grootste respect en er is nog steeds een intieme relatie tussen leken en de monastieke sangha. Het is dus niet zo dat de monniken de hele dag achter de muren van het klooster zitten te mediteren. Zij hebben een actieve rol in de maatschappij.

In de Theravadalanden van Zuid- en Zuidoost-Azië kan een kind vanaf een jaar of zeven in het klooster intreden. Hij krijgt daar een goede educatie. Pas op zijn eenentwintigste neemt hij de beslissing of hij echt een monnik wil worden en zich voor de rest van zijn leven wil laten wijden. Hij is echter ook vrij het klooster te verlaten. Wanneer hij besluit de 227 monniksvoorschriften van de Vinaya op zich te nemen gaat hij door een ceremonie die nog uit de tijd van de Boeddha stamt. Eerst worden zijn haar en baard afgeschoren als een teken van onthechting aan wereldse dingen en seksuele attractie. Vervolgens wordt de novice gebaad ten teken van zuivering en krijgt hij de objecten die horen bij het kloosterleven: een bedelnap, monniksgewaad, sandalen en een paraplu, die ook dienst doet als zonnescherm. Dit zijn de enige bezittingen van een monnik en worden meestal door zijn familie geschonken. Wanneer hij door de volledige wijding gaat, dan wordt ook zijn kennis van de dharma getest.

De situatie voor de nonnen in Zuidoost-Azië is onfortuinlijk omdat de wijdingslijn in de elfde eeuw gestopt is. Voor de wijdingsceremonies dienen ten minste vijf monniken (voor een monnik tien) en een aantal nonnen aanwezig te zijn en in tijden dat het boeddhisme onder druk stond, kon aan deze eisen niet altijd voldaan worden. Als een overdrachtslijn eenmaal is uitgestorven dan is deze voor altijd weg. De vrouwen die zich kaalscheren en het leven van een non leiden zijn in wezen novicen. Ze worden lekenzusters genoemd (*upasikas*) en staan in lager aanzien dan de volledig gewijde monniken. Ze hebben dan ook meer moeite om economische ondersteuning te vinden. Recentelijk is deze situatie echter in een ander licht komen te staan door contact met volledig in de mahayanatraditie ingewijde nonnen uit Korea en China, waar de wijdingslijn nog niet is uitgestorven. In een geest van nieuwe openheid kunnen zij de volledige wijding tot non doorgeven.

Er kunnen drie soorten Theravadakloosters of vihara's onderscheiden worden: de stadskloosters met veel interactie tussen leken en monniken; de dorpskloosters die in feite hetzelfde functioneren, maar dan op kleinere schaal; en de bosgemeenschappen die in isolement leven. In stad en dorp hebben de leken en monastieke sangha een relatie van wederzijdse afhankelijkheid. De leken zorgen voor kleding, voedsel, medicijnen en onderdak van de sangha en in ruil voor deze materiële ondersteuning geven de monniken onderricht en verrichten ceremoniën, bijvoorbeeld wanneer iemand overleden is. Doordat de monniken onderwijs hebben genoten en kunnen lezen en schrijven helpen zij ook vaak in de gemeenschap bij allerlei sociale projecten en bijvoorbeeld bij het invullen van officiële documenten en dergelijke. Voor de leken is het op hun beurt weer het gebruik dat alle mannen enkele maanden van hun leven het monniksgewaad dragen en in een klooster zich aan de dagelijkse discipline en kloosterregels houden. Dit gebeurt meestal in de periode van de regenretraite. Soms komt het ook voor dat iemand in een periode van rouw zich tijdelijk in het kloosterleven terugtrekt. Leken en monniken komen allemaal samen bij de vieringen van het einde van *vassa* (de regenretraite) en bij volle maan in mei wanneer *wesak* of *vesakha*, geboorte, verlichting en overlijden van de Boeddha, gevierd worden.

In de loop der eeuwen hebben zich natuurlijk ook perioden van vervreemding voorgedaan tussen de monastieke sangha die op weg is naar verlichting en de leken die middels het verzamelen van verdiensten hopen op een gunstige wedergeboorte, zodat ook zij het pad van verlichting kunnen gaan bewandelen. Hoewel sommige monniken de hoogste ethische standaard erop nahouden, zijn er anderen die zich op hun privileges laten voorstaan. De institutionalisering van de dharma tot staatsreligie brengt het gevaar van vervlakking met zich mee. Wanneer de traditionele formules worden gemurmeld en de rituele handelingen slechts routinematig uitgevoerd, kan het geheel zijn oorspronkelijke inspiratie verliezen. In reactie hierop is in Thailand een beweging ontstaan van monniken die zich in alle eenvoud terugtrokken in de bossen, om zo de oorspronkelijke diepte en betekenis van het beoefenen van de dharma te herstellen. In de bossen worden deze monniken niet afgeleid door het scala aan activiteiten en verplichtingen dat het leven van een dorps- of stadspriester met zich meebrengt. Men heeft meer tijd om zich te verdiepen in meditatie.

De beoefening van liefdevolle vriendelijkheid

Naast de eerder besproken samatha (shamatha)- en vipassana (vipashyana)- meditatie kent het Theravadaboeddhisme ook een sterke traditie van het mediteren op de liefde (*metta*). In plaats van de aandacht te laten rusten op een object of de ademhaling is het object van aandacht hier de zorg voor levende wezens. Deze beoefening heeft haar wortels in de tijd van de Boeddha.

Op een dag stuurde de Boeddha een groep monniken de bossen in om te mediteren. Toen de monniken in het betreffende bos aankwamen troffen ze een aantal geesten aan met angstaanjagende verschijningen, die de monniken terroriseerden. Ze renden allemaal hard weg, terug naar de Boeddha en riepen uit: 'Stuur ons alstublieft niet naar dat bos! Stuur ons naar ieder ander bos, maar niet naar dat bos!' De Boeddha zou echter de Boeddha niet zijn als hij daarvoor zou vallen. Hij was niet van zijn stuk gebracht en glimlachend sprak hij: 'Nee, ik ga jullie terugsturen naar hetzelfde bos, maar dit keer met een wapenrusting, een beoefening.' Hij gaf hun een beoefening, een methode, waarmee de bange monniken hun angst konden overwinnen en de situatie transformeren: de beoefening van liefdevolle vriendelijkheid. 'Wanneer jullie weer terug in het bos komen, herhaal dan voortdurend de woorden: "Moge jullie gelukkig worden. Moge het goed met jullie gaan."' Terug in het bos, gesterkt door de woorden van de Boeddha, maar de zaak nog niet helemaal vetrouwend, bleven de monniken hardop en in hun geest herhalen: 'Moge jullie gelukkig worden! Moge het goed met jullie gaan!' Op deze wijze zonden ze de boodschap uit dat ze niemand in het bos schade kwamen berokkenen, maar juist alle wezens geluk en welzijn toewensten. Door het herhalen van deze zinnen werd een atmosfeer van liefde in hun geest gecreëerd die hen hielp de angst te overwinnen. Niet alleen dat, de sensitieve geesten, die precies in de gaten hebben hoe iemand zich voelt, werden geraakt en doordrongen van deze boodschap: 'Moge je gelukkig worden! Moge het goed met je gaan!' Door de woorden raakten zij ook van het gevoel van liefde vervuld en voelden dankbaarheid voor de monniken. In plaats van hen te schaden en verder angst aan te jagen kwamen ze nu in een manifestatie om hen te dienen en te helpen. Zo werd door deze eenvoudige beoefening de situatie volledig getransformeerd: doordat de monniken hun geest veranderden, veranderde hun waarneming, en daarmee ook de verschijningen!

In de *Metta Sutta* spreekt de Boeddha over het belang van liefdevolle vriendelijkheid voor alle levende wezens, in wat voor staat ze ook verkeren:

Dit is wat gedaan dient te worden
Door hen die zich bekwamen in goedheid,
En die het pad van vrede kennen:

Wees kundig en oprecht,
Duidelijk en zachtaardig in het spreken;
Nederig en niet verwaand,
Tevreden en snel verzadigd,
Ontlast van plichten en sober in levensstijl;
Vreedzaam en kalm, wijs en bekwaam,
Niet trots en veeleisend van aard.
Doe niets, zelfs niet het kleinste ding,
Dat later door de wijzen berispt zou kunnen worden.

Wek de oprechte wens op:
In geluk en veiligheid,
Moge alle wezens in diepe vrede verblijven.

Wat voor levende wezens er ook zijn,
Of ze zwak zijn of sterk, zonder uitzondering,
De grote en machtige, middelmatige, korte of kleine,
De zichtbare en onzichtbare,
Of ze nu dichtbij leven of veraf,
Reeds geboren zijn of nog geboren moeten worden,
Moge alle wezens in diepe vrede verblijven!

Laat niemand elkaar bedriegen,
Of een ander in wat voor toestand ook verafschuwen.
Laat niemand uit boosheid of kwade wil
Een ander schade toewensen.

Gelijk een moeder haar enig kind
Beschermd met gevaar voor eigen leven,
Koester alle levende wezens
Met een grenzeloos hart;
Vriendelijkheid uitstralend over de hele wereld:
Zich uitstrekkend naar de hemelen boven,

En de diepten beneden;
Uitgaand en onbegrensd
Vrij van haat en kwaadwillendheid.

Of je nu staat of loopt, zit of ligt,
Vrij van dufheid
Moet je deze meditatie volhouden.
Dit wordt het verheven verblijven genoemd.

Door niet aan gefixeerde zienswijzen vast te houden
Heeft degene met het zuivere hart helderheid van visie;
Vrij geworden van alle zinnelijke begeerte,
Wordt hij niet opnieuw in deze wereld geboren.[23]

In het belangrijkste Theravadacommentaar op de *Metta Sutta*, de *Visudhimagga*, 'het pad van zuivering', beschrijft de vijfde-eeuwse Indiase monnik Buddhaghosa de beoefening van de vier *Brahmavihara's* ('hemelse woonplaatsen'): liefdevolle vriendelijkheid, mededogen, vreugde en gelijkmoedigheid. In het Theravada begint men bij de beoefening hiervan met de liefdevolle vriendelijkheid. Velen onder ons koesteren de wens om liefde te geven en te ontvangen, maar vaak zijn we daarbij geblokkeerd. In het boeddhisme is het niet zo dat je ofwel liefde voelt en zo niet, dan heb je pech gehad. De gedachte is dat ieder levend wezen van nature liefde is, maar dat de toegang tot deze liefde af en toe verstopt raakt door de verwarring van het leven. Er zijn daarom methoden ontwikkeld om de natuurlijke stroom van liefde weer op gang te krijgen. Ook dit is een training van de geest.

In de beoefening van liefdevolle vriendelijkheid (metta) begin je eerst met rustig te zitten en je doet bijvoorbeeld shamathameditatie om je geest wat tot rust te brengen. Wanneer je kalm geworden bent, herinner je je een moment uit het verleden waarop je werkelijk liefde hebt ondervonden. Dat kan vroeger als klein kind van je ouders zijn, of van een opa of oma, of misschien recentelijk van een partner. Je focust hier niet op alle dingen die dit gevoel van liefde in de weg staan of die later deze ervaring weer verstoord hebben, maar je laat het gevoel van liefde in je opwellen. Je gebruikt de herinnering om in het hier en nu contact te maken met het gevoel van liefde. Je warmt je en laaft je aan het gevoel dat deze herinnering oproept.

Vervolgens bedenk je dat je uit dankbaarheid iets terug wilt doen en je stelt je voor dat je liefde naar deze persoon terugstuurt. Zo ontstaat als het ware een wisselwerking tussen het ontvangen en het geven van liefde. Je hebt een bron in je hart aangeboord en merkt misschien dat hoe meer liefde je geeft hoe meer er in je hart vrijkomt. Liefde geven is geen kwestie van een meetbare hoeveelheid die opraakt als je er te veel van geeft. Nee, het wonder dat je in de beoefening kan ervaren is dat hoe meer je geeft des te meer je ontvangt en weer hebt te geven. Daarom kan je de beoefening gaan uitbreiden. Eerst naar andere mensen in je omgeving die je na aan het hart liggen en aan wie het in principe makkelijk geven is. Dit geven van liefde kan je kracht bijzetten middels het gebruik van de zinnetjes die de Boeddha reeds aan de angstige monniken in het bos leerde: 'Moge je gelukkig zijn. Moge je je goed voelen. Moge het je voor de wind gaan. Moge je goed beschermd zijn.'

Naarmate de beoefening vordert, probeer je meer en meer mensen in je beoefening te betrekken: eerst al je vrienden en mensen die je graag mag, vervolgens mensen waar je neutraal tegenoverstaat en geen speciaal gevoel van voor- of afkeur bij hebt, zoals misschien bepaalde mensen op je werk of die door je straat lopen. Als dit allemaal goed gaat, ga je het jezelf wat moeilijker maken en de ultieme uitdaging aan. In de beoefening stel je je voor dat je ook liefde geeft aan de mensen met wie je moeite hebt: die je irriteren, die je arrogant vindt, die je pijn gedaan hebben, of die je hypocriet vindt, ook hun geef je liefde met de wens dat ze gelukkig mogen zijn. Liefdevolle vriendelijkheid wordt gezien als tegengif tegen haat en agressie. Zoals de Boeddha zei in de *Dhammapada*:

In deze wereld
Is haat nimmer door haat verdreven.
Enkel liefde doet haat verdwijnen.
Dit is de wet,
Oeroud en onuitputtelijk.[24]

Niemand wordt daarom in deze beoefening buitengesloten: 'Laat niemand elkaar bedriegen, of in wat voor staat ze ook zijn verafschuwen.' Op het einde van de beoefening straal je liefde uit naar alle wezens, zoals Boeddha zegt in de *Metta Sutta*:

Gelijk een moeder haar enig kind
Beschermd met gevaar voor eigen leven,

Koester alle levende wezens
Met een grenzeloos hart;
Vriendelijkheid uitstralend over de hele wereld.

Het is belangrijk bij deze beoefening dat je ook jezelf niet buitensluit. Het klinkt vreemd en veel Aziatische leraren begrijpen het bijna niet, maar veel westerlingen vinden het moeilijker om van zichzelf te houden dan van een ander. Beroemd is inmiddels het voorval waarop de Dalai Lama, die zeer redelijk Engels spreekt en het zeker uitstekend verstaat, keer op keer zijn vertaler vroeg te herhalen wat iemand precies gezegd had, omdat hij het concept zelfhaat helemaal niet kende. Hoe kan je jezelf nou haten? Hij begreep het helemaal niet. Wie doet zoiets? Dat klinkt heel redelijk, maar toch leert de ervaring, en we kennen het allemaal wel, dat we onszelf op bepaalde momenten niet kunnen uitstaan, of zelfs haten en uitschelden. Dergelijk gedrag is net zo ingegeven door de illusies van ego als wanneer we reageren vanuit trots en eigenwaan. Zelfoverschatting of zelfonderschatting zijn uiteindelijk allebei net zo neurotisch. Het is daarom uiterst belangrijk dit gevoel van liefde ook naar jezelf te sturen om zo alle kwetsbare plekken en wonden te helen. Misschien vinden we het vreemd om zo liefde naar onszelf te sturen, maar de Boeddha zei: 'Wie van zichzelf houdt, zal een ander nooit schade berokkenen.' En:

Al zou je het hele universum afzoeken,
Je zult niemand vinden
Die meer liefde en genegenheid verdient,
Dan jijzelf.

De beoefening van metta begint dus bij jezelf, want wie niet van zichzelf houdt, kan ook nooit echt anderen liefhebben. Een belangrijk aspect bij het geven van liefde is het schenken van vergeving. Vaak zijn we onszelf niet eens bewust van de wrok die we onderhuids koesteren. Dit soort wrok kan vastroesten en onze perceptie van de wereld sterk gaan kleuren. We gaan dan in feite gewond door het leven. De beoefening van liefdevolle vriendelijkheid is een van de manieren in het boeddhisme waarmee we met dergelijke gevoelens leren werken. Eerst moeten we ze herkennen, dan de oorzaak zien, geloven in genezing en vervolgens aan de kuur gaan werken. Dit is het toepassen van de logica uit de Vier Edele Waarheden. In dit geval is het werken aan de kuur het schenken van vergeving. Dit heeft drie aspecten: anderen vergeven, door anderen vergeven worden (of hun vergeven dat ze ons niet kunnen vergeven), en ten slotte niet het minste: onszelf vergeven. Als we onszelf niet kunnen vergeven voor wat we gedaan of niet gedaan hebben, en hoe we zijn, dan is er geen basis om progressie op het pad te maken. Je loopt altijd tegen een muur op. Daarom is jezelf vergeven het begin van het werken met jezelf. Dit betekent ook dat je, zonder het goed te praten, vriendelijk bent ten opzichte van je negatieve emoties en angsten. Zij zijn in feite niet anders als de demonen die de monniken zagen in het bos.

Gedurende de systematische training van de geest kunnen alle mogelijke gevoelens opkomen. Het is belangrijk daar niet naar te grijpen of geschokt door te raken. Ervaringen in meditatie komen en gaan. Het is de bedoeling van deze oefening om meer en meer in staat te zijn op ieder moment in iedere situatie voor iedereen zonder voor- of afkeur liefde te voelen. Het wordt aangeraden om de beoefening van liefdevolle vriendelijkheid in een retraite te doen.

In de Theravadatraditie wordt eenzelfde training in de drie andere brahmavihara's – compassie (*karuna*), meevoelende vreugde (*mudita*) en gelijkmoedigheid (*upekkha*) – beoefend. In het mahayana zijn deze vier kwaliteiten verder uitgewerkt in de training in *bodhicitta*.

6 Mahayana: de eenheid van leegte en compassie

De essentie van het boeddhistische pad
is een diep en transformerend mededogen
voor alle levende wezens,
gekoppeld aan wijsheid
– het penetrerende inzicht in *shunyata*,
de natuur van de werkelijkheid zelf.[25]

Het boeddhisme kwam in de eerste eeuwen van onze jaartelling in India tot grote bloei. Ondanks de interne verdeeldheid tussen de verschillende boeddhistische groeperingen, die zich openbaarde tijdens het tweede concilie, verspreidde de dharma zich in de eeuwen erna over heel India. Deze periode in de geschiedenis van het boeddhisme kende een ongekend grote creativiteit. Nieuwe geschriften werden gecomponeerd, discussies gevoerd en universiteiten gesticht, zoals Vikramashila en de beroemde Nalanda-universiteit, waarvan nu in Bihar alleen nog de ruïnes resten. Verslagen van Chinese pelgrims vertellen dat er in de vijfde eeuw duizenden monniken in Nalanda woonden. Het werd het centrum van waaruit het mahayanaboeddhisme zich zou verspreiden: naar China, en van daaruit naar Korea, Japan en Vietnam; en naar Tibet – en van daaruit naar Mongolië en Siberië.

Opkomst van het mahayana

Het mahayana of grote voertuig is een verzamelnaam voor een aantal boeddhistische stromingen die voortvloeiden uit de Mahasanghika's en ontstonden in de eerste eeuw van onze jaartelling. De mahayanins zijn van mening dat het mahayanaonderricht dieper gaat dan dat van het hinayana, het 'kleine voertuig' of minder chauvinistisch gezegd basisvoertuig, waarvan de Theravadatraditie de enige overgebleven school is. De Theravadins zijn van mening dat het mahayanaonderricht is opgeschreven door boeddhistische geleerden die hun interpretatie van het onderricht geven en dat het hier niet de eigen woorden van de Boeddha betreft. Sommige mahayanins geloven echter dat parallel aan het eerste boeddhistische concilie er een ander boeddhistisch concilie was, waar de mahayanateksten werden gereciteerd. Boeddha zou dit onderricht gegeven hebben aan hen die er klaar voor waren en dit onderricht zou in het geheim mondeling zijn doorgegeven totdat het opgeschreven werd. Anderen zeggen weer dat de Boeddha mahayanaonderricht gedurende zijn leven heeft gegeven, maar dat de mensen het niet konden waarderen en begrijpen. In sommige gevallen, zoals bij de *Prajnaparamitasoetra's*, werd het onderricht daarom verborgen gehouden door *naga's*, mythische waterwezens die in de legendes van het oude India vaak schatbewakers zijn, om op een later tijdstip door de grote meester Nagarjuna (eerste eeuw) geopenbaard te worden.

Terwijl het onderricht van het Theravada opgetekend en verzameld is in het Palicanon is het mahayanaonderricht in het Sanskriet opgetekend. Veel van de oorspronkelijke Sanskrietteksten zijn als gevolg van de mosliminvallen in de twaalfde eeuw in India alleen nog in Chinese of Tibetaanse vertaling terug te vinden. Een aantal mahayanasoetra's is enorm populair en belangrijk geworden in Azië:

Lotussoetra

Een van de meest invloedrijke mahayanageschriften is 'De Witte Lotussoetra van de Ware Dharma' (*Saddharma-pundarika*), afgekort *Lotussoetra*. Het is een poëtisch en symbolisch werk dat een veel grotere reikwijdte in visie heeft dan de soetra's uit het Palicanon. Shakyamuni Boeddha onthult een visie waarin ontelbare boeddha's in het universum lesgeven aan allerlei groepen leerlingen, menselijk en niet menselijk. In de *Lotussoetra* wordt gesteld dat nirvana als doel van het pad zoals dat in het Palicanon wordt beschreven, weliswaar een zeer nobel doel is, maar niet het uiteindelijke doel van boeddhaschap. Deze visie is gebaseerd op het idee dat de Boeddha zijn onderricht aanpaste aan het begripsvermogen van degene aan wie hij het gaf. Hij koos er daarom voor om eerst onderricht te geven hoe nirvana te bereiken aan hen die door intens lijden heen gingen en wiens diepste wens het was zich te bevrijden van dit lijden. Het vooruitzicht van een staat waarin het lijden volledig is geëlimineerd is een aantrekkelijk perspectief om het spirituele pad te gaan bewandelen. Voor hen wiens lijden minder intens is, wiens karma reeds wat gezuiverd is door vele levens van deugdzaam handelen, is er een groter doel dat niet alleen verwijdering van het eigen lijden omvat, maar ook het vermogen om anderen op het pad naar verlichting te leiden. Dit omvat het ideaal van de *bodhisattva*, die het mahayanapad bewandelt met de motivatie van *bodhicitta*, de oprechte wens om boeddhaschap ter wille van anderen te realiseren. In de *Lotussoetra* wordt dit punt geïllustreerd door de parabel van de spookstad.

Een groep reizigers trekt door een wild en verlaten landschap op zoek naar een plaats met zeldzame schatten. De weg is lang en moeilijk en de reizigers verliezen de moed, worden wanhopig, bang en raken uitgeput. Ze komen op het punt dat ze willen omkeren en teruggaan. Hun meedogende gids, die de weg goed kent, moedigt hen echter aan verder te trekken en hij beschrijft een stad waar ze niet ver vandaan zijn, een oase van kalmte en rust. Iedereen is dolgelukkig wanneer ze bij de stad aankomen. Als de groep eenmaal goed is uitgerust zegt de leider dat de oase een fantoom is dat hij heeft gecreëerd. Ze moeten nog een klein stukje verder trekken voordat ze bij de plaats met de schatten komen. De groep accepteert nu dat ze dit moeten doen. Op dezelfde wijze is nirvana een rustplaats, die hen die moe zijn van het lijden inspireert om de spirituele reis naar boeddhaschap te beginnen.

Het verschil tussen nirvana en boeddhaschap is subtiel. Nirvana is vrijheid van samsara en de cyclus van geboorte en dood. Dit wordt bereikt door de realisatie van *anatman*, 'niet zelf'; het principe dat er geen essentie of inherente entiteit is, die de identiteit bepaalt. Er is niets wat je echt 'ik' of 'mijn' kan noemen. In het mahayana wordt deze zelfloosheid uitgebreid: niet alleen personen, maar ook fenomenen zijn zonder essentie. Dit is de realisatie van *shunyata*, leegte; de afwezigheid van inherent bestaan in alle dingen, zonder uitzondering. De ervaring van shunyata als de natuur van alle dingen leidt uiteindelijk tot de alwetendheid van een boeddha.

De Boeddha legt in de *Lotussoetra* uit dat hoewel boeddha's als hijzelf onderricht geven in de mindere paden die leiden naar individuele bevrijding (nirvana), het uiteindelijk doel van alle levende wezens het bereiken van volledig boeddhaschap is. Dit principe van *ekayana* (één pad) wordt geïllustreerd in het voorbeeld van een brandend huis (samsara) waaruit de vader zijn drie spelende kinderen wil redden. Omdat ze niet naar hem luisteren wanneer hij ze roept, belooft hij ze, ieder naar hun wensen, een wagen getrokken door een antiloop, geit en buffel, als ze hun spel opgeven en naar buiten komen. De kinderen staan symbool voor *shravaka's* ('luisteraars'), *pratyekaboeddha's* ('solitaire beoefenaars'), die allebei het basisvoertuig beoefenen, en bodhisattva's. Wanneer ze als gevolg van deze truc het huis verlaten en gered worden, krijgen ze allemaal een heel waardevolle wagen getrokken door eenzelfde witte buffel (boeddhaschap).

Prajnaparamitasoetra's

De 'Perfectie van Wijsheid' (*Prajnaparamita*)-soetra's zijn van grote invloed op de gehele verdere ontwikkeling van het mahayanaboeddhisme. Het idee van de bodhisattva, de Boeddha in wording, verschuift hier in betekenis van iemand op het pad naar verlichting (nirvana), naar iemand die zijn eigen verlichting uitstelt om eerst alle levende wezens uit samsara te redden. Een van de vaardige middelen die gesuggereerd wordt is het opdragen van spirituele verdienste aan anderen. Het tweede revolutionaire punt van ontwikkeling in deze soetra's is het realiseren van shunyata, leegte. Dit verwijst naar het niet onafhankelijk bestaan van verschijnselen. Deze visie is in detail uiteengezet door Nagarjuna, de grondlegger van de *Madyamikaschool*, die het boeddhisme voorgoed veranderde. De oudste Prajnaparamitasoetra is die in achtduizend verzen uit de eerste eeuw. Er is ook een versie van honderdduizend verzen. Bekend in het Westen zijn de *Diamantsoetra* en de *Hartsoetra* waarin de essentie van de Prajnaparamita kort wordt uiteengezet. De meest gecomprimeerde expressie van Prajnaparamita, 'de Grote Moeder', is de lettergreep 'A'.

Lankavatarasoetra:

In deze soetra wordt de notie van de boeddhanatuur uiteengezet, de *tathagatagarbha*: ieder van ons draagt reeds het verlichte zaad van een boeddha in zich en dient dit slechts te realiseren door de verwarring, die de boeddhanatuur verduistert, op te lossen. Ook komt in deze soetra het idee naar voren dat het enige wat bestaat het bewustzijn is. Daarmee legt het de basis voor de invloedrijke *Cittamatraschool*. De soetra legt ook de basis voor de Zentraditie door erop te wijzen dat het onderricht kan worden doorgegeven zonder woorden te gebruiken.

De Vimalakirtisoetra:

Een andere mahayanasoetra die ook als een van de weinige soetra's populair in de Zentraditie is geworden is de *Vimalakirtinideshasoetra*, 'Het Discours van Vimalakirti'. In deze soetra pretendeert de leek Vimalakirti ziek te zijn en gaat met allerlei geleerde monniken en boeddhistische heiligen in discussie over de leegte van alle dingen. De soetra valt op door zijn korte lengte, humor, dramatische plotlijnen en heldere verhandeling over nondualiteit en leegte. In tegenstelling tot andere soetra's is niet de Boeddha hier het middelpunt, maar een rijke stadsbewoner. Voortdurend blijkt Vimalakirti de monniken te snel af te zijn en hun dualistische redeneringen te weerleggen met zijn grote inzicht in shunyata of hen te verwarren door wonderen te verrichten. Zo komt Vimalakirti telkens weer als held tevoorschijn in de soetra. De stijl en toon zijn vernieuwend en geven uitdrukking aan een keerpunt in het boeddhistische denken. In de soetra wordt het monopolie op het pad naar verlichting van het wereldverzakende monastieke ethos verworpen en de status van leek gelegitimeerd. Dit vormde een onderdeel van de grote evaluatie van religieuze idealen in het mahayana en heeft ertoe geleid dat deze soetra bij leken zeer populair is geworden. Het verzekerde hen ervan dat zij dezelfde niveaus van spirituele realisatie kunnen verwerkelijken als monniken en nonnen. Dit is een geheel andere visie dan de visie van het Theravada, waarin de monastieke sangha op weg is naar verlichting, terwijl de leken voornamelijk bezig zijn verdiensten te verwerven die leiden tot een goede wedergeboorte.

Sukhavatisoetra's:

Een hele bijzondere collectie soetra's zijn de *Sukhavatisoetra's* waarin beschreven wordt hoe gelovigen kunnen leven en sterven zodat ze geboren kunnen worden in het zuivere land van *Amitbha*, de Boeddha van Oneindig Licht. Amitabha is een belichaming van de natuur van de geest, een boeddha, die in zijn verpersoonlijking beschreven wordt als levend in een dimensie buiten de samsarische cirkel van lijden. Toen hij nog een bodhisattva op het pad naar verlichting was, heeft Amitabha dit land al geschapen. Al de condities in het zuivere land zijn precies juist voor het bereiken van verlichting. Zelfs het geluid van de wind die door de bomen waait onderwijst de dharma. Terwijl in andere soetra's gewezen wordt op hoe je door je eigen inspanningen de verlichting kunt bereiken, wordt hier gesteld dat geboorte in het zuivere land afhangt van je vertrouwen in Amitabha. Geboorte in dit paradijselijke land wordt gezien als een goede tussenstap op weg naar boeddhaschap. Devotie tot Amitabha heeft in het Oosten dan ook veel weerklank gevonden bij de leken die naast hun dagelijkse werkzaamheden om in hun levensonderhoud te voorzien niet zo veel tijd hadden voor studie en beoefening. De simpele beoefening van het herhalen van de naam van Amitabha (*Amida* in Japan) sprak dan ook zeer tot de verbeelding. In deze soetra's wordt dus een stap gemaakt waarbij devotie voor de Boeddha verruimd wordt naar devotie voor andere boeddha's, die een bepaald aspect van de verlichte geest verpersonifiëren. Zo kent het mahayanaboeddhisme een heel pantheon aan boeddha's en bodhisattva's, zoals *Avalokiteshvara* en *Tara*, die vooral populair zijn in Tibet, *Kwan Yin* (China) en *Kannon* (Japan), die allemaal mededogen belichamen, *Manjushri* voor wijsheid, *Vajrapani* voor kracht, en zo nog veel en veel meer. Wat voor indruk van mogelijke godenverering deze uiterlijke manifestaties van devotie ook wekken, in het boeddhisme wordt altijd expliciet gezegd dat alle boeddha's in hun wijsheidsnatuur één zijn en niet verschillen van de natuur van je geest.

Mahayanavisie op de Boeddha

Voor mahayanins is er geen tegenstelling tussen de visie van het Theravada en het mahayana, maar wel een verschil in niveau van begrip van het onderricht. Theravadins beschouwen de mahayanasoetra's niet als authentiek onderricht van de Boeddha. Zij zeggen dat het hier de woorden en interpretaties van boeddhistische meesters betreft. De mahayanins beschouwen dit echter wel degelijk als authentiek onderricht. Zij zeggen dat deze soetra's de woorden van de Boeddha zijn, zij het dan gehoord door boeddhistische meesters in bijzondere staten van meditatie. In het mahayana is er een geheel andere visie op de Boeddha.

In het basisvoertuig wordt de Boeddha beschouwd als een gewoon mens, die in Bodh Gaya gezeten in meditatie onder de bodhiboom, zijn cognitieve en emotionele verduisteringen overwon. De ontwaakte staat heeft de buitengewone kwaliteiten van kennis, liefdevolle vriendelijkheid, compassie en wijsheid. Dit gewone mens had natuurlijk een buitengewone prestatie geleverd, maar had niettemin gewone skandha's net als ieder ander. In de mahayanavisie is de Boeddha echter reeds verlicht voor hij werd geboren. Hij was niet gebonden aan gewone skandha's, maar uit mededogen pretendeerde hij door de stadia van het pad te gaan om zo levende wezens de weg te wijzen om boeddhaschap te bereiken.

De Boeddha toont dan het pad van de bodhisattva. De verhalen over de vorige levens van de Boeddha (*Jataka's*) vertellen dat zijn pad naar verlichting een aanvang nam, toen hij herboren was in een van de hellen. Hij moest samen met iemand anders een zware kar trekken en allerlei martelingen doorstaan. Boeddha dacht: 'Kan ik niet al dit karma op me nemen? Ik kan deze kar net zo goed alleen trekken en de andere persoon bevrijden.' Hij vroeg de *yama's*, die hem martelden, of dit kon, maar zij zeiden: 'Iedereen heeft individueel karma! Je kan niet iemand van zijn karma bevrijden', waarop ze hem met een ijzeren hamer op zijn hoofd sloegen. Boeddha stierf, maar door het positieve karma dat zijn wens gegenereerd had, werd hij onmiddellijk uit deze hel bevrijd. Hij bereikte na vele levens verlichting in *Akanishta*, een zogenaamd boeddhaveld dat normaal niet binnen onze menselijke perceptie valt en vandaar ging hij naar *Tushita*, een ander boeddhaveld. Toen de tijd en de wezens rijp waren, nam hij geboorte in onze wereld als Siddharta Gautama.

Boeddha's verschijnen in de wereld als gevolg van twee aspiraties: enerzijds de aspiratie van voelende wezens om te ontwaken uit een droomachtige toestand van onwetendheid en anderzijds de aspiratie van de boeddha's om voelende wezens te helpen ontwaken uit hun illusies. Traditioneel wordt het beeld geschetst dat het verschijnen van een boeddha is als de maan aan de hemel die helder gereflecteerd wordt in vele verschillende meren tegelijkertijd. Dit wil echter niet zeggen dat er een boeddha boven is en een andere beneden, noch dat er vele boeddha's overal zijn.

Boeddha's hebben twee soorten wijsheid (*jnana*): de wijsheid die de natuur ziet van de dingen zoals ze zijn, leeg van inherent bestaan, en de wijsheid die de veelvormigheid van de dingen ziet. Een beeld dat gebruikt wordt om uit te leggen hoe boeddha's lesgeven is dat van twee mensen in een kamer, de een wakker en de ander in slaap. De wakkere, de Boeddha, ziet dat de ander een nachtmerrie heeft. Hoewel hij ziet dat de slaper een nachtmerrie heeft, betekent dit niet dat hij nu ook een nachtmerrie krijgt. Langzaam maakt hij de dromer wakker uit zijn droom en toont hem de werkelijkheid, hetgeen de non-existentie van nachtmerries is. Wanneer je wakker wordt gedurende een droom, gaat de droom misschien nog even door, maar je hele relatie tot de droom is veranderd. Dat is als het pad van de bodhisattva's, vooral gedurende de postmeditatie. Wanneer je volledig wakker bent geworden uit de droom, dat is boeddhaschap. Je ontwaakt in een geheel andere ervaring van de werkelijkheid en hoe dingen verschijnen, maar dat wil niet zeggen dat alle verschijnselen ineens verdwenen zijn, maar ze worden waargenomen voor wat ze zijn.

In het mahayana verschuift de aandacht van de historische persoon van Boeddha Shakyamuni naar de manifestatie van vele boeddha's in het universum. De natuur van deze boeddha's wordt in de *Lotussoetra* uitgelegd in de visie van de *trikaya*, drie lichamen of beter gezegd drie dimensies van de werkelijkheid. Zonder begrip van de trikayafilosofie is het vajrayana als speciale variant van het mahayana, waarin voortdurend boeddha's worden aangeroepen, gevisualiseerd en de daartoe ingewijde yogi's ook zichzelf in de vorm van boeddha's visualiseren, eigenlijk niet te begrijpen.

Trikaya-boeddha

De natuur van de werkelijkheid wordt *dharmakaya* (waarheidslichaam) genoemd. Een boeddha is volkomen één hiermee terwijl hij verschijnt als *rupakaya* (vormlichaam), een verzamelnaam voor *sambhogakaya* (vreugdelichaam) en *nirmanakaya* (manifestatielichaam). Dharmakaya is de uiteindelijke staat van nirvana, de verlichte geest zelf, de volkomen realisatie van de waarheid van alle dingen. Het is gezuiverd bewustzijn, vrij van verduisteringen, en voorbij het onderscheid tussen zuiver en onzuiver. Dharmakaya is voorbij woorden en kan dan ook niet in gewone taal worden beschreven. Het is vormeloos als de ruimte, maar niet gescheiden van de rupakayavormen.

Sambhogakaya refereert aan de dimensie van energie en licht waarin verlichte wezens kunnen verkiezen te verblijven. In hun sambhogakayavorm zijn boeddha's en vergevorderde bodhisattva's niet tastbaar, maar zichtbaar als een regenboog. Alle zuivere dimensies van boeddha's, zoals Sukhavati, het zuivere land van boeddha Amitabha, zijn in de sambhogakayadimensie. Het is de wereld van zuivere vormen van licht en energie. Sambhogakayaverschijningen komen voort uit de dharmakaya, dat als een allesdoordringende ruimte is. Ze verschijnen hoofdzakelijk aan bodhisattva's die op het pad naar verlichting zijn. Ze verschijnen door het samenkomen van het karma en de openheid van de bodhisattva's op het pad en de kracht van de boeddha's om zich vanuit de ruimte van de dharmakaya te manifesteren. Om sambhogakayavormen te zien moet je dus een geavanceerd niveau van meditatie hebben bereikt. Alle religieuze ervaringen van visioenen worden begrepen als meditatieve waarnemingen van sambhogakayawezens. Boeddha's en bodhisattva's kunnen ervoor kiezen om in sambhogakayavorm te verwijlen, om zo toegankelijk te blijven voor lijdende wezens. Vandaar dat mahayanins in staat zijn om tot boeddha's en bodhisattva's om hulp te bidden. Devotie vormt een belangrijk onderdeel van het mahayana. In het vajrayana worden diverse methoden van visualisatie beoefend zodat een beoefenaar kan leren om deze sambhogakayadimensie ook zelf te zien.

Het nirmanakaya refereert aan de fysieke manifestatie van verlichte wezens, zoals de historische Shakyamuni Boeddha en de Indiase tantrische meester Guru Padmasambhava, die het boeddhisme in de achtste eeuw naar Tibet heeft gebracht. In het basisvoertuig wordt de Boeddha gezien als een gewoon mens, maar vanuit het mahayanaperspectief is Boeddha Shakyamuni een reflectie van de sambhogakaya en daalde hij als volledig verlicht wezen af vanuit de Tushitahemel. Boeddha's beslissing om geboren te worden als Siddharta Gautama wordt gezien als een vrijwillige. Boeddha's kunnen zich in iedere vorm manifesteren die ze zich maar wensen, in ieder deel van het universum en zelfs in verschillende universums tezelfdertijd. Boeddha's kunnen zich ook manifesteren als dieren om als gids voor de dieren te dienen of zelfs als leiders van andere religies! Het doel waarmee boeddha's naar de wereld komen is om het pad naar verlichting te wijzen. In de mahayanavisie wordt gezegd dat Siddharta het paleis van zijn vader niet verliet om onthechting te leren, maar om de onthechte levenswijze te tonen. Hij ging het bos in om te demonstreren dat schijnbaar plezierige bezigheden en omstandigheden enkel tot meer lijden en gebondenheid leiden. Hoewel Boeddha Shakyamuni door alle stadia van het pad naar verlichting ging, was er vanuit het zicht van Boeddha's dharmakaya nooit enige beweging of verandering. Zoals de Boeddha zei in de *Bhadrakalpikasoetra* ('Soetra van de Fortuinlijke Tijd'):

> Ik kwam als in een droom
> naar wezens uit een droom
> en onderwees een droomachtig dharma
> maar in werkelijkheid
> ben ik nooit gekomen
> en heb ik nooit lesgegeven.

De drie kaya's zijn verbonden met elkaar en in werkelijkheid één. Dharmakaya wordt beschouwd als de absolute waarheid en doet sambhogakaya verschijnen. Nirmanakayaboeddha's worden gezien als de reflectie van sambhogakayaboeddha's. Een beeld dat veel gebruikt wordt om de relatie tussen de drie kaya's uit te leggen is dat dharmakaya is als een heldere en wolkenloze hemel. Sambhogakaya is dan als de zon in die hemel en nirmanakaya als de stralen van de zon die we ook werkelijk op onze fysieke huid kunnen voelen en die ook iedereen overal tezelfdertijd kunnen raken.

Dharma

In de visie van het boeddhisme en zeker het mahayana is het dus niet zo dat er ooit een Boeddha was en, hoewel velen daarna zijn onderricht in praktijk hebben geprobeerd te brengen, deze arme mensen er nooit helemaal in geslaagd zijn om ook verlicht te raken. Zo wordt dit helemaal niet gezien. Boeddha Shakyamuni neemt natuurlijk een heel bijzondere plaats in omdat hij het onderricht in dit tijdperk heeft geopenbaard, maar daarnaast zijn er vele meesters die allerlei niveaus van realisatie bereikt hebben, die vanuit het gewone standpunt van wezens in samsara als zo goed als verlicht kunnen worden beschouwd. Het is ook niet zo dat de Boeddha onderricht heeft gegeven en dat dit nu voor altijd zo is vastgelegd en iedereen hiernaar dient te leven. Zoals we zagen zei de Boeddha zelf al dat al het onderricht onderzocht en beproefd diende te worden. Van boeddhistisch onderricht wordt gezegd dat ze twee kenmerken moet bezitten. Ten eerste moet het een remedie zijn tegen de kwellende emoties waar wezens aan lijden. Het dient de intensiteit van lijden te verminderen en de oorzaken weg te nemen. Daarnaast dient het onderricht aan te tonen hoe voelende wezens progressie kunnen maken naar de hogere werelden en vooral hoe zij zich uiteindelijk volledig kunnen bevrijden uit het lijden van samsara en de cyclus van bestaan. Alles wat in overeenstemming is met deze twee kenmerken is dharma.[26]

Het onderricht zelf wordt verdeeld in twee categorieën: de dharma van de geschriften en de dharma van ervaring. De dharma van de geschriften omvat de compositie, het luisteren, de studie, reflectie en debatten. Daarnaast is er de dharma van realisatie die verkregen wordt door beoefening. Alle twee zijn noodzakelijk. Je kunt niet enkel studeren en niet beoefenen, je zou slechts intellectuele kennis verwerven en niet goed begrijpen waar het werkelijk om gaat. Begrip is niet hetzelfde als realisatie, en realisatie dient uiteindelijk tot bevrijding te leiden. Je kunt ook niet alleen beoefenen zonder te studeren, want je zou niet goed weten waar het pad toe zou leiden en niet de tekens herkennen noch de middelen hebben om jezelf te inspireren wanneer obstakels zich voordoen. Dan heb je juist intellectuele kennis nodig om je ervaringen te verwerken en te plaatsen. Contemplatie over het onderricht zal je beoefening helpen en vice versa. Studie en beoefening zijn als de twee vleugels van een vogel.

De dharma wordt dus niet alleen doorgegeven door middel van de geschriften, maar vooral ook door hoe de beoefenaars het onderricht belichamen en realiseren. Daarom is de persoonlijke overdrachtslijn van meester op leerling in het boeddhisme zo belangrijk. Overdracht vindt op drie niveaus plaats: 1. Zonder woorden direct van geest tot geest; de meester toont de leerling direct de natuur van de geest door deze te belichamen en in meditatie te laten zien aan die leerling die gereed is dit te herkennen (dharmakayaniveau). 2. Middels gebaren en metaforen; de meester geeft een voorbeeld of maakt een gebaar waardoor een doorbraak in het bewustzijn van de leerling, die er klaar voor is, veroorzaakt wordt (sambhogakayaniveau). 3. Ten slotte via woorden; het onderricht wordt uitgelegd door de meester, waarbij hij gebruikmaakt van de klassieke teksten of, bij grote uitzondering, direct uit zijn eigen ervaring de dharma communiceert (nirmanakayaniveau).

In het mahayanacanon wordt een onderscheid gemaakt tussen soetra's, waarin het woord van de Boeddha wordt gesproken, en de commentaren op de soetra's, de zogenaamde *shastra's*. In sommige soetra's, zoals de *Hartsoetra* spreekt de Boeddha zelf niet, maar wordt er door zijn leerlingen gesproken, met zijn zegen. Dit wordt ook tot het woord van de Boeddha gerekend. Niet ieder commentaar op de soetra's wordt gezien als een shastra. Hieraan liggen strikte criteria ten grondslag. De auteur dient bijvoorbeeld de vijf traditionele hoofdwetenschappen zoals logica, taal en grammatica, medicijnen, kunst en filosofie en bijvakken zoals wiskunde, poëzie en compositie meester te zijn. Alleen zo iemand is geautoriseerd een commentaar te schrijven. Daar komt nog bij dat hij, ofwel het eerste stadium van het bodhisattvapad gerealiseerd dient te hebben en als zodanig een onmiddellijk begrip van leegte heeft, of direct met een boeddhavorm zoals Manjushri te kunnen communiceren. De teksten dienen als onderwerp de Boeddha, Dharma en Sangha te hebben en natuurlijk te voldoen aan de eerdergenoemde kwaliteiten, dat ze een tegengif tegen de kwellende emoties moeten vormen en laten zien hoe je progressie op het pad kunt maken om uiteindelijk bevrijd te worden van de cyclus van lijden in samsara. Alleen een dergelijke tekst wordt als shastra geaccepteerd en toegevoegd aan de canon van te bestuderen teksten in de diverse tradities.

Absolute en relatieve waarheid

Al het onderricht van de boeddha's van verleden, heden en toekomst dienen in overeenstemming te zijn met de twee waarheden: absolute waarheid is 'zoals het is' en relatieve waarheid is 'zoals de dingen verschijnen'. In alle boeddhistische beoefening en onderricht is er sprake van het samenkomen van het relatieve en het absolute. Hoe deze twee samenkomen, onderscheiden worden en als uiteindelijk één gezien worden is van cruciaal belang om de dharma goed te begrijpen.

De relatieve waarheid is in het domein van de zintuiglijke waarneming. Alles wat te begrijpen is met het intellect is relatief. Relatieve waarheid is wat ervaren wordt in de relatieve wereld en waarin oorzaak en gevolg functioneren. Het omvat alle activiteit van de vijf skandha's, de vijf elementen en is het domein van karma en wederzijds afhankelijke, relatieve fenomenen. Absolute waarheid is voorbij intellect en zintuiglijke waarneming. Het is een non-dualistische ervaring van de ontwaakte staat van geest, de natuur van alle dingen. Het is wat het is. Het intellect kan alleen maar begrijpen wat het absolute niet is. Dit komt doordat het intellect altijd denkt in tegenstellingen als subject en object, dit en dat, en taal gebruikt om dat uit te drukken en te beschrijven.

Het hele doel van de dharma is de absolute waarheid te realiseren door te zien zoals het is. Daarvoor dient ook de relatieve waarheid meer en meer begrepen te worden. Om de absolute natuur van de geest te realiseren moeten we inzien hoe verward onze relatieve geest is, waar we precies vastzitten en hoe we eruit kunnen komen. Zonder de relatieve waarheid te bestuderen kunnen we de absolute waarheid niet realiseren en zonder de absolute waarheid zal nirvana niet bereikt worden. Uiteindelijk is er echter slechts één waarheid en dat is de absolute waarheid. Er is geen verschil van mening over de relatieve waarheid tussen de verschillende boeddhistische scholen. De Boeddha zei: 'Alles wat gewone mensen als relatief beschouwen, beschouw ik ook als relatief.' Omdat de relatieve waarheid gebaseerd is op de ervaring van levende wezens is het de relatieve waarheid van individuen. Die wordt dus niet ontkend. Het punt is echter dat de absolute waarheid op verschillende niveaus begrepen wordt.

In het boeddhisme worden drie groepen van waarnemers geïdentificeerd: 1. De waarneming van gewone wezens verstrikt in de illusies van samsara. 2. Bodhisattva's op het pad die hun karma en waarneming aan het zuiveren zijn. 3. De waarneming van een Ontwaakte, een boeddha, die een zuivere waarneming heeft en de dingen ziet zoals ze zijn in plaats van zijn eigen door concepten bevooroordeelde visie te projecteren. Een boeddha ziet en leeft de absolute waarheid. Het begrip van gewone mensen verschilt dus van mensen die meer ervaring hebben met een meditatieve perceptie van de aard van verschijnselen. Op het pad gaat de beoefenaar door met het ophelderen van zijn begrip van de absolute waarheid door alle tien stadia van het bodhisattvapad tot aan boeddhaschap. Zo begint men vaak met een zeker intellectueel begrip van leegte, dat gebaseerd is op een conceptueel verstaan, maar niet gebaseerd op de eigen directe ervaring. Wanneer we meer beoefening doen verdiept ons begrip zich in een niet te verwoorden ervaring. Onwetendheid en grijpen zijn zeer subtiel en uiterst verfijnd en telkens weer zijn er nieuwe lagen van emotionele en cognitieve verduisteringen op te lossen, tot onze perceptie van hoe het is zich volkomen gezuiverd heeft tot de perceptie van een boeddha. Vandaar dat de formuleringen of liever gezegd verwijzingen naar de absolute waarheid veranderen met het begrip van de beoefenaar op het pad. De absolute waarheid zelf verandert niet, maar wel de perceptie en ervaring ervan van de beoefenaar, net zoals de maan niet verandert, maar wij hem wel zien toe- en afnemen. Hoe accurater de perceptie van het absolute wordt, hoe meer de kwaliteiten van een boeddha gaan bloeien in de geest van de bodhisattva op het pad, en hoe meer hij in staat zal zijn anderen van dienst te zijn, die deze perceptie van het absolute niet hebben. Dit is de training van een bodhisattva op het pad naar realisatie van boeddhaschap.

De drie draaiingen van het wiel van de leer

De soetra's uit het Palicanon van de Theravadatraditie spreken over het feit dat de Boeddha met zijn eerste onderricht over de Vier Edele Waarheden in het Hertenpark van Benares het wiel van de leer in beweging heeft gezet. In de mahayanatradities worden niet één, maar drie draaiingen van het wiel van de leer onderscheiden om aan te geven dat de Boeddha drie progressieve cycli van onderricht openbaarde over relatieve verschijnselen en hun absolute natuur. In de eerste draai spreekt de Boeddha vanuit de conventionele visie dat de dingen bestaan zoals ze aan ons verschijnen. Hij legt de wet van oorzaak en gevolg uit en hoe vrede en vrijheid van lijden gevonden kunnen worden. Dit is het onderricht van het basisvoertuig. In de tweede draai onthult de Boeddha de buitengewone visie van het mahayana dat alles wat verschijnt een illusie en leeg van inherent bestaan is en geeft hij uitleg over het pad van wijsheid en mededogen van de bodhisattva. In de derde draai wordt het onderricht over de boeddhanatuur geopenbaard, het lumineuze aspect van leegte, waarin tot uitdrukking wordt gebracht dat ieder levend wezen in essentie reeds verlicht is, maar dit nog niet als levende ervaring gerealiseerd heeft.

Eerste draai van het wiel van dharma

De Boeddha onderwees eerst over het lijden, de angst en frustratie, die we in ons alledaagse leven ervaren. Wanneer we onze geest onderzoeken, ontdekken we dat dit lijden voortkomt uit de gewoonte om ons vast te grijpen aan een zelfbeeld. Het boeddhistische pad neemt een aanvang met het onthechten van dit grijpen naar een zelf. Alle voertuigen, hinayana (Theravada), mahayana (o.a. Zen) en vajrayana (Tibetaans boeddhisme), hebben de Vier Edele Waarheden als gemeenschappelijke basis. Deze tonen hoe het grijpen naar en fixatie op relatieve verschijnselen de oorzaken en omstandigheden van lijden vormen. Omdat lijden door oorzaken en omstandigheden geschapen wordt, kan het ook door het scheppen van de juiste oorzaken en omstandigheden beëindigd worden.

Het onderricht van de eerste draai van het wiel is essentieel voor mensen die op het pad beginnen en uit gewoonte nog sterk grijpen naar relatieve verschijnselen. Ze zijn open, maar nog niet helemaal open, en vanwege hun urgentie om zo snel mogelijk vrij te worden van lijden is hun primaire interesse om eerst zelf van het lijden bevrijd te worden. Beginners zijn nog niet vertrouwd met een andere visie dan de relatieve. Het is niet dat ze geen compassie hebben, maar hun compassie is gewoon nog niet zo sterk.

Hinayanascholen als de *Vaibhashika* en *Sautrantika* geloven dat wanneer je de relatieve wereld, die we ervaren met de vijf skandha's, analyseert en opdeelt in de delen waaruit het is samengesteld, er uiteindelijk kleinste deeltjes als atomen overblijven, die je niet verder kan delen. De ervaring van het bewustzijn in de tijd wordt ook geanalyseerd en opgedeeld in steeds kleinere delen tot je uiteindelijk tot een ondeelbaar moment komt. Deze hinayanascholen kennen twee aspecten toe aan wat zij verstaan onder absolute waarheid: het deelloze deeltje en het ondeelbare moment. Uit deze absolute waarheid ontstaan de mentale en fysieke wereld, zeggen ze. Gewone mensen begrijpen dit niet en grijpen naar een zelf dat intrinsiek bestaat. De mahayanascholen zeggen echter dat de hinayanins zich nog steeds op een subtiele manier aan iets vasthouden. Hoewel er geen grijpen meer naar een zelf is, is er nog steeds een grijpen naar verschijnselen. Vanwege het vasthouden aan het deelloze deeltje en het ondeelbare moment is zelfloosheid wel gerealiseerd, maar niet de leegte van alle dingen. De emotionele verduisteringen zijn daarmee overwonnen, maar er blijven nog subtiele cognitieve verduisteringen bestaan. Als gevolg van het overwinnen van de negatieve emoties wordt arhatschap, de realisatie van het hinayanapad bereikt. Arhats worden herboren in boeddhavelden en van daaruit kunnen ze vanwege hun training sneller het pad van de bodhisattva afleggen en uiteindelijk een boeddha worden.

Tweede draai van het wiel van dharma

De mahayanasoetra's schrijven dat de tweede cyclus van onderricht door de Boeddha geopenbaard werd op de Gierenpiekberg bij Rajgir aan een grote groep mensen met een meer open geest. Zij hielden zich niet slechts bezig met hoe zelf van het lijden bevrijd te worden, maar omdat zij reeds enige voortgang op het pad hadden gemaakt, waren zij geïnteresseerd en in staat de diepte van de werkelijkheid te onderzoeken. Onder het gehoor waren mensen en bodhisattva's aanwezig, onder wie Shariputra en Maudgalyayana. Het onderricht over leegte zou in het geheim zijn doorgegeven aan hen die er klaar voor waren. Er is een verhaal dat toen twee monniken, die er nog niet aan toe waren, dit onderricht voor het eerst hoorden, ze het niet konden bevatten en hun hoofd letterlijk uit elkaar spatte. Om misverstanden te voorkomen vond daarom in het geheim overdracht plaats tot aan de komst van Nagarjuna (eerste-tweede eeuw), die het op schrift stelde. Het meest kenmerkende onderricht van de tweede draai wordt gevormd door de *Prajnaparamitasoetra's*. Het mahayana en het bodhisattvapad zijn hieruit verder ontwikkeld. De belangrijkste filosofische school die het onderricht van de tweede draai propageert is de *Madhyamika*.

Nagarjuna, die in het mahayana als een tweede boeddha wordt gezien, zou het onderricht van de *Prajnaparamitasoetra's* van de naga's hebben gekregen. Dit zijn mythologische waterwezens, die deze soetra's eeuwenlang bewaard zouden hebben. De *Prajnaparamitasoetra's* bestaan in korte en langere versies. De *Hartsoetra* (ca. 350) geldt als de essentie van de *Prajnaparamita* en is nog steeds uiterst populair. Hij wordt dagelijks in Zen- en Tibetaanse tempels gereciteerd en is exemplarisch voor het onderricht van de tweede draai van het wiel van de leer.

De 'Soetra van het Hart van Transcendente Kennis' (*Prajnaparamitahridaya*) begint zoals alle soetra's met het benoemen van de plaats en aanwezigen bij het onderricht en het bekende: 'Aldus heb ik vernomen.' Het is kenmerkend voor een mahayanasoetra dat niet alleen monniken, maar ook bodhisattva's onder de aanwezigen zijn. De Boeddha spreekt zelf niet in de *Hartsoetra*, maar is aanwezig in diepzinnige meditatie. Door de kracht van zijn meditatie inspireert hij Shariputra tot het stellen van de vraag der vragen: 'Hoe kan een gemotiveerde leerling het pad der wijsheid volgen?' De edele bodhisattva Avalokiteshvara treedt op als spreekbuis van de Boeddha:

> O Shariputra, een zoon of dochter van edele afkomst, die de diepzinnige prajnaparamita wenst te beoefenen, dient te zien dat de vijf skandha's in wezen leeg zijn.
>
> Vorm is leegte; leegte is ook vorm.
> Leegte is niets anders dan vorm; vorm is niets anders dan leegte.
>
> Op dezelfde wijze zijn gevoel, waarneming, formatie en bewustzijn leeg. Dus, Shariputra, alle verschijnselen zijn leegte: ze hebben geen kenmerken, er is geen ontstaan en geen vergaan. Er is geen onzuiverheid of zuiverheid. Er is geen afname en geen toename. Daarom, Shariputra, is er in leegte geen vorm, geen gevoel, geen waarneming, geen formatie, geen bewustzijn; geen oog, geen oor, geen neus, geen tong, geen lichaam, geen geest; geen vorm, geen geluid, geen geur, geen smaak, geen tastsensatie, geen verschijnsel (...), geen onwetendheid, geen opheffing van onwetendheid tot en met geen ouderdom en dood, geen opheffing van ouderdom en dood, geen lijden, geen oorsprong van lijden, geen opheffing van lijden, geen pad, geen wijsheid, geen bereiken en geen niet bereiken. Daarom, Shariputra,

omdat er geen bereiken is wijden de bodhisattva's zich aan de prajnaparamita. Omdat er geen verduistering van geest is, is er geen angst. Zij ontstijgen onwaarheid en bereiken volmaakt nirvana. Alle boeddha's van de drie tijden ontwaken, door middel van prajnaparamita, volledig in onovertroffen, ware, volmaakte verlichting.

De bodhisattva Avalokiteshvara geeft in de *Hartsoetra* uitleg over leegte: niet alleen de skandha's zijn leeg, nirvana is leeg, samsara is leeg, de vier edele waarheden zijn leeg, er is geen pad, er is niets te bereiken. Omdat er in absolute zin geen bereiken is, beoefenen de bodhisattva's de prajnaparamita, de 'wijsheid van de andere oever', de transcendente wijsheid. Opmerkelijk voor een soetra is dat Avalokiteshvara dan het herhalen van een mantra suggereert, want mantra is bij uitstek het middel van de tantra's. In tegenstelling tot de meeste mantra's heeft deze mantra echter wel een letterlijke betekenis. De prajnaparamitamantra, die al het lijden pacificeert en als waarheid gekend dient te worden, wordt aldus gezegd:

Tadyata *Om Gate Gate Paragate Parasamgate Bodhi Svaha*
Gegaan, gegaan, gegaan voorbij, volledig naakt, ontwaakt, zo zij het!

'Zo, Shariputra, dient de bodhisattva zich te bekwamen in de diepzinnige prajnaparamita.'
Toen verrees de Gezegende (Boeddha) uit de *samadhi* (meditatie) en prees de edele Avalokiteshvara, met de woorden: 'Goed, goed, o zoon van edele afkomst; zo is het, o zoon van edele afkomst, zo is het. De diepzinnige prajnaparamita behoort precies zoals gij gezegd hebt beoefend te worden en alle tathagata's (boeddha's) zullen zich verheugen.'[27]

De belangrijkste zin van deze soetra is de beroemde formule: 'Vorm is leegte, leegte is niets anders dan vorm.' Hiermee wordt uitgelegd dat de absolute natuur van relatieve verschijnselen leegte is, volkomen verstoken van soliditeit en intrinsiek bestaan. 'Intrinsiek' verwijst daarbij naar iets wat in zichzelf bestaat zonder afhankelijkheid van oorzaak en gevolg. Het beschrijft iets wat solide is en permanent zijn eigen kenmerken houdt. Wanneer je echter dingen en vormen analyseert, dan besef je dat je ze eindeloos kan opdelen in kleinere delen zonder dat je een vaste, onvergankelijke kern raakt. Zelfs atomen kunnen gesplitst worden. Een contemplatie op de vergankelijkheid van al wat verschijnt, leidt daarom uiteindelijk naar leegte. Wat overblijft is immers leeg van inherent bestaan, maar het verschijnt wel als wederzijds afhankelijke delen. Er is geen absolute waarheid (leegte), los van de relatieve, wederzijds afhankelijke delen (vorm). Vorm is leegte en leegte is niets anders dan vorm. De absolute waarheid, leegte, manifesteert zich in de relatieve vorm. Absolute en relatieve waarheid zijn dan ook niet gescheiden, zelfs niet twee kanten van een medaille, zoals een meester het eens zei.

Iets wat leeg is, kan weliswaar verschijnen en functioneren op relatief niveau, maar er is een fundamenteel verschil tussen hoe we dingen waarnemen en hoe de natuur van de werkelijkheid feitelijk is. Normaal gesproken zien we niet alleen dingen verschijnen, maar we beschouwen ze ook als solide en werkelijk bestaand. Daarmee scheppen we illusies en lijden voor onszelf. Wie het zicht van shunyata (leegte) heeft, ziet dat relatieve, wederzijds afhankelijke verschijnselen in een spel van oorzaak en gevolg verschijnen, en tevens dat deze verschijnselen illusoir, niet substantieel en leeg van aard zijn. Het onderricht van de tweede draai is erop gericht illusies te doorbreken en de lege aard van zowel het zelf als de verschijnselen te herkennen.

Nagarjuna heeft de filosofie van de leegte verder uitgewerkt in wat de Madhyamikaschool genoemd wordt. Dit is de filosofie van de middenweg tussen de extreme visies van bestaan en niet-bestaan. Dingen bestaan wel in conventionele zin, maar slechts relatief aan elkaar. In absolute zin zijn ze leeg. Nagarjuna neemt hiermee afstand van zowel eternalisme als nihilisme. Het eternalisme of substantialisme zegt dat er een eeuwig zelf is dat bestaat en staat aan de basis van een idealistische denkwijze. Het nihilisme zegt dat er niets is en leidt tot een zuiver materialistische denkwijze. Nagarjuna gaat voorbij aan beide visies. De Middenwegfilosofie van Madhyamika Prasangika verwerpt de vier extreme zienswijzen over het bestaan: iets is, is niet, is en is niet, en noch is en noch is niet. Iets waarvan we normaal zeggen dat het bestaat is bijvoorbeeld: een kopje. Wat niet bestaat: een konijn met horens. Wat bestaat en niet bestaat: bijvoorbeeld een droom. En ten slotte een voorbeeld van wat noch bestaat en noch niet bestaat: iets waarvan je zelfs niet kunt voorstellen dat het bestaat. Al deze vier standpunten worden verworpen, omdat ze uitspraken doen waarbij ze een positie innemen over de werkelijkheid die betwist kan worden en daarom verdedigd moet worden. Het idee is hier dat iedere positie die verdedigd moet worden geen werkelijkheid kan zijn, maar een hypothetische theorie en dus een fabricatie van de werkelijkheid en niet de absolute waarheid. Madhyamika Prasangika poneert geen standpunten over de absolute waarheid zelf, maar heeft als methode het laten zien van inconsistenties in de gezichtspunten van anderen. Nagarjuna stelt in zijn *Weerlegging van Betwiste Onderwerpen*:

> Omdat ik niets bevestig, ben ik volledig zonder fout.

Dit lijkt oppervlakkig gezien misschien een heel flauwe uitspraak, maar kent toch grote diepte. Nagarjuna wil hiermee aangeven dat hij geen enkel concept van de absolute waarheid wil maken. Zo vroeg Shariputra eens aan de Boeddha: 'Wat is absolute waarheid?' De Boeddha zei niets en bleef stil. Shariputra begreep het niet, maar toen sprak Manjushri namens de Boeddha en zei: 'Wanneer de Overwinnaar niets zegt, zegt hij alles.'

Om de natuur van de geest te realiseren is het noodzakelijk om in een niet gefabriceerde geestestoestand te kunnen verblijven. Pas dan kunnen we werkelijk zien wat is. Op een bepaalde manier is het vastgrijpen aan iets een vorm van troost zoeken voor de geest, een manier om het verblijven in de grote referentieloze ruimte te vermijden. Als grijpen naar iets een probleem wordt, dan grijpt de geest uit armoede naar de afwezigheid van iets en tracht het zich vast te houden aan een idee van niets. Dit is echter ook een concept en vormt het nihilisme dat Nagarjuna onderuit probeert te halen. Het grijpen is wat illusie creëert, daarom moet het grijpen naar iets, naar niets, naar iets en niets, en naar noch iets en niets, losgelaten worden. Op die manier gaan we voorbij aan ons dualistische, intellectuele weten en komen open te staan voor de ervaring van de non-dualistische werkelijkheid, shunyata. Wat er dan verschijnt, heeft functie en vorm, maar verschijnt zonder te grijpen als in een lucide droom.

De Madhyamika-filosofie is door Nagarjuna en zijn belangrijkste volgeling Chandrakirta zeer vergaand uitgewerkt. Via logische redeneringen wordt uitgezocht of dingen wel of niet bestaan. Dit mondt uit in allerlei paradoxen en 'kip of ei'-toestanden, wanneer de grenzen van de logica bereikt worden. Zo wordt in Madhyamika-filosofie aangetoond dat hoewel op relatief niveau dingen verschijnen als gevolg van oorzaken en condities, na grondige analyse blijkt dat oorzaak en gevolg niet lineair kunnen zijn, noch gelijktijdig ontstaan zijn, noch allebei, noch geen van beide. Een beroemd vers in Nagarjuna's *Mulamadhyamakakarika* zegt:

> Geen enkel verschijnsel ontstaat vanzelf
> Noch komen zij van anderen
> Noch van beiden of uit enig andere bron.
> Daarom zijn alle verschijnselen vrij van geboorte (ze ontstaan niet).

Dus, hoewel gezegd wordt dat dingen in werkelijkheid niet bestaan, verschijnen ze op magische wijze toch. Iets wat een illusie is, is in werkelijkheid niet zuiver of onzuiver, ongeacht hoe het verschijnt. Het is de projectie van onze geest die het zuiver of onzuiver maakt. Deze grote visie, dat alle verschijnselen vrij van geboorte zijn en onbesmet en puur zijn, vormt de basis van het inzicht dat samsara uiteindelijk nirvana is. Er is geen verschil. Het enige verschil zit in het grijpen van de geest. Deze visie die gebaseerd is op de *Prajnaparamitasoetra's* van de tweede draai van het wiel van de leer vormt het fundament van alle hogere boeddhistische filosofie en beoefening. Zoals de Tibetaanse *Dzogchen*-meester Tulku Urgyen (1919-1996) zei:

> Samsara is de geest naar buiten gericht, verloren in zijn projecties.
> Nirvana is de geest naar binnen gericht, zijn lege natuur herkennend.

Derde draai van het wiel van dharma

De derde draai van het wiel vond op verschillende plekken gelijktijdig plaats en werd onderwezen door verschillende emanaties van de Boeddha. De derde draai beperkt zich niet alleen tot het onderricht aan menselijke wezens. Het gehoor bestond uit menselijke en niet-menselijke bodhisattva's, die buitengewoon open waren en een grote waardering voor het onderricht konden opbrengen. Zij waren klaar om meer te leren over de absolute natuur dan gepresenteerd was in de tweede draai. De Boeddha spreekt in de derde draai over het lumineuze aspect van de absolute natuur, dat complementair is aan het lege aspect dat benadrukt werd in de tweede draai. De lumineuze geest is niet samengesteld, vrij van dualistische waarnemingen, en bezit alle verlichte kwaliteiten als een inherent potentieel, klaar om zich te manifesteren. De cyclus van onderricht van de derde draai leert dat verlichting van nature aanwezig is in alle wezens als boeddhanatuur. Het is een kwestie van enkel de verduisteringen te verwijderen en dan kan de verlichte geest met al zijn kwaliteiten zich manifesteren.

Het onderricht van de derde draai vond in de menselijke wereld voornamelijk plaats rond de vierde eeuw. Het is ook mahayanaonderricht, gegeven door de Boeddha, en geopenbaard door Asanga. Asanga deed twaalf jaar in retraite de beoefening van Boeddha Maitreya, de toekomstige Boeddha. Hij probeerde een visioen van Maitreya te krijgen. Toen dit na een paar jaar nog niet gelukt was, verliet hij de retraite. In een dorp aangekomen, zag hij een man met een veertje over een rotsblok strijken. Hij vroeg hem: 'Waarom doe je dit?' De man zei: 'De rots beneemt het zonlicht van mijn huis, daarom wil ik hem wegschaven.' Getroffen door de grote inspanningen die men zich getroost in samsara om de meest futiele dingen te bereiken, ging Asanga terug in retraite. Jaren later had hij nog steeds geen visioen. Hij verliet de retraite opnieuw en kwam een man tegen die met een doek over een ijzeren staaf wreef om een naald te maken. Asanga bedacht zich en ging weer terug in retraite. Een paar jaar later verliet hij de retraite voorgoed en ging naar de markt. Daar werd hij getroffen door de aanblik van een oude teef die naar iedereen blafte, ook naar hem. Het viel hem op dat de hond een vieze wond had, waar de maden in kropen. Door compassie geraakt wilde hij de hond helpen en de wond schoonmaken. Hij zocht een stok om de maden eruit te halen, maar was bang de maden in het proces te doden. Uiteindelijk zag hij geen andere optie dan zijn tong te gebruiken om ze te verwijderen. Asanga deed zijn ogen dicht. Terwijl hij zijn tong uitstak, bracht hij zijn hoofd langzaam naar de wond. Tot zijn verbazing raakte zijn tong niet de hond, maar de grond. Hij keek op en zag de stralende figuur van Boeddha Maitreya voor hem staan. Verbaasd riep hij uit: 'Daar ben je dan! Waar was je al die jaren toen ik om een visioen bad?' Maitreya antwoordde kalm: 'Al die jaren was ik bij je, maar je kon me niet zien. Je daad van grote compassie, waarmee je de maden uit de wond van de hond wilde halen, zuiverde je door karma en klesha's verduisterde waarneming en maakte dat je me nu kan zien.' Daarop wandelde Asanga dolgelukkig over de markt met Maitreya zittend op zijn schouder. Niemand anders kon hem zien. Alleen een oud vrouwtje vroeg aan Asanga: 'Waarom draag je die hond op je schouder?'

Er wordt verhaald dat Asanga door Maitreya meegenomen werd naar de

Tushitahemel en dat hij daar veel onderricht van hem ontving. Asanga openbaarde dit in vijf verhandelingen, waarvan er sommige betrekking hebben op de tweede draai, zoals de *Abhisamayalankara* met onderricht over de tien stadia van het bodhisattvapad, en andere op de derde draai, zoals hét geschrift over de boeddhanatuur; de *Uttaratantrashastra*. Hierin wordt gezegd dat van alle kenbare dingen de Boeddha het meest verheven is. De boeddhanatuur houdt zich in ieder levend wezen schuil verhult in een onwetende geest als honing tussen de bijen, graan in zijn huls, goud in de modder, een schat onder de grond, een boeddhabeeld in een voddenbuil, enzovoort. Zonder het te realiseren dragen levende wezens de vervulling van al hun wensen met zich mee.

De staat van boeddhaschap is het allerhoogste, vrij van alle smetten en volkomen betrouwbaar. De scholen, die zich door de derde draai van het wiel laten inspireren, zeggen dat door telkens iedere beschrijving van het absolute te weerleggen, het gevaar bestaat dat je de ervaring van shunyata niet zal vertrouwen wanneer het zich aandient in je beoefening en je het daardoor misschien niet herkend en mist. Daarom reflecteren zij op de acht kwaliteiten van verlichting die Maitreya in de *Uttaratantrashastra* noemt: Het is niet samengesteld (ongeschapen), spontaan aanwezig en zelfgewaar. Dit laatste wil zeggen dat de ontwaakte geest niet gerealiseerd wordt als gevolg van externe omstandigheden, je draagt het in je mee als de ware natuur van je eigen geest. Dit zijn de drie kwaliteiten van Boeddha, die jezelf ten goede komen. Perfecte wijsheid, liefdevolle compassie, en de kracht om anderen te helpen, zijn de drie kwaliteiten van de verlichte geest ten dienste van anderen. De twee groepen, voor jezelf en voor anderen, van drie kwaliteiten worden samen acht kwaliteiten van de verlichte geest genoemd. Deze kwaliteiten van verlichting van de geest zijn het uiteindelijke object van toevlucht: Boeddha, de natuur van je eigen geest.

Zoals Nagarjuna de sleutelfiguur voor het onderricht over leegte van de tweede draai is, is Asanga dat voor het onderricht uit de derde draai over de boeddhanatuur (*tatagathagarbha*). Dit onderricht werd verdiept door Asanga's halfbroer Vasubandhu en stond aan de basis van de Cittamatraschool, die teruggrijpt op de *Lankavatarasoetra*. Cittamatra ziet alle relatieve verschijnselen weliswaar als leeg en projecties van de geest, maar beschouwt de bron van de projecties, de lumineuze geest, als inherent bestaand. Daarom heet Cittamatra 'alleen geest'. Madhyamika verwijt Cittamatra dat ze angst hebben voor leegte en via een achterdeur weer een zelf introduceren. De *Yogachara* baseert zich ook op het onderricht van de derde draai, maar beschouwt de lumineuze geest niet als inherent bestaand, maar als leeg van inherent bestaan. Zij spreken over de absolute natuur van de geest als de eenheid van leegte en lumineuze helderheid en verenigen daarmee de essentie van de tweede en derde draai van het wiel van dharma.

In de eerste draai wordt de boeddhanatuur nog gepresenteerd als een heilzaam zaad, een potentieel. In de tweede draai wordt de essentie hiervan gerealiseerd als leegte. In de derde draai wordt leegte gepresenteerd als lumineus, helder, zwanger met alle excellente kwaliteiten van de boeddhanatuur, die op het punt staan geboren te worden. De leegte uit de tweede draai correspondeert met het dharmakaya-aspect van de boeddhanatuur. De nadruk op de kwaliteiten uit de derde draai correspondeert met het rupakaya(vorm)-aspect van de boeddhanatuur, ofwel het sambhogakaya- en nirmanakaya-aspect. Het onderricht van de derde draai van het wiel vormt een brug tussen het mahayana en het geheime mantravajrayana en wordt soms half soetrayana/half mantrayana genoemd.

De bodhisattvagelofte

Met de visie dat nirvana de lege essentie van samsara is, verandert het doel van het bewandelen van het pad. In het basisvoertuig is de bodhisattva iemand die uit samsara wil ontsnappen om nirvana te bereiken. Op het pad wordt meditatie op de egoloosheid van het zelf benadrukt om de verduistering van de negatieve emoties te overwinnen. Tijdens de postmeditatie betekent egoloosheid het terugtrekken van de geest uit de wereld der objecten en kwellende emoties en gedachten. Op het mahayanapad wordt gemediteerd op de egoloosheid van het zelf én de leegte van alle verschijnselen. In de postmeditatie wordt niet het terugtrekken van de geest benadrukt, maar er wordt gekeken naar de objecten der kwellende emoties en het grijpen ernaar, vanuit de herkenning van hun illusoire aard. De remedie tegen het grijpen naar een zelf en de panacee voor alle kwalen is het opwekken van bodhicitta, het hart van de verlichte geest. Het ideaal van de bodhisattva is nu iemand die van een passief verblijf in nirvana afziet om uit mededogen, zonodig helemaal alleen, alle wezens uit samsara te redden. De beoefening van bodhicitta is de activiteit van een bodhisattva.

Het handboek van de bodhisattva, de *Bodhicaryavatara*, werd gecomponeerd door de zevende-eeuwse Indiër Shantideva. Hij was een luie monnik van goede huize, die door zijn collega's in Nalanda voor een test van zijn kennis uitgedaagd werd. Shantideva was er niet gerust op. De avond voor de test riep hij Manjushri aan, de bodhisattva van wijsheid, en vroeg oprecht om hulp. Manjushri verscheen en dicteerde hem de hele tekst van de *Bodhicaryavatara*. De volgende dag vroeg Shantideva de geleerde monniken van Nalanda of ze een klassieke tekst wilden horen of een eigen compositie. Ze kozen voor het laatste. Ze hadden verwacht dat hij af zou gaan, maar gezegd wordt dat Shantideva tijdens de recitatie van het negende hoofdstuk, over de wijsheid van Madhyamika, leviteerde en door de muur verdween, daarbij de hele gemeenschap in stomme verbazing achterlatend. De Dalai Lama zegt dat als hij enig begrip heeft van mededogen en de beoefening van het bodhisattvapad, dit geheel op basis van deze tekst is. In het achtste hoofdstuk over meditatie wordt de reden voor bodhicitta genoemd:

Daar ik en andere wezens allebei
Gelijkwaardig en gelijk zijn in de wens voor geluk,
Wat verschil is er om ons te onderscheiden
Dat ik zou streven naar gelukzaligheid voor mijzelf alleen.

Daar ik en andere wezens allebei
Gelijkwaardig en gelijk zijn in de vlucht voor lijden,
Wat verschil is er om ons te onderscheiden
Dat ik mijzelf zou redden en niet de ander.[28]

Gebaseerd op het inzicht dat zowel samsara als nirvana in absolute zin leeg is, maar dat voelende wezens dit niet realiseren en door onnoemelijk lijden heen gaan, legt de bodhisattva in aanwezigheid van alle boeddha's als getuige de gelofte af niet te rusten in nirvana voor alle wezens uit samsara bevrijd zijn. In de woorden van Shantideva:

Zolang er ruimte is,
En voelende wezens voortleven,
Moge ook ik blijven bestaan,
Om de ellende van de wereld te verdrijven.[29]

De motivatie alle wezens ten dienste te zijn wordt versterkt door de contemplatie dat zij allen eens je ouders zijn geweest. De gedachte is dat in de oneindig vele levens, die iedereen al eens geleefd heeft, we allemaal iedere mogelijke vorm van relatie met elkaar gehad hebben. We zijn elkaars geliefden, kinderen, ouders, moordenaars, vrienden, vijanden, enzovoort geweest. Dit betekent dat ieder levend wezen een buitengewoon intieme relatie met elkaar heeft, die nog stamt uit een vorig leven. Bij het opwekken van bodhicitta focus je op het feit dat ieder levend wezen jou een keer het leven heeft geschonken en je met gevaar voor eigen leven heeft beschermd en opgevoed. Nu je ziet hoe je arme ouders worstelen in samsara is de tijd gekomen om iets terug te doen. Je zou natuurlijk kunnen denken dat ieder levend wezen je ook een keer van het leven heeft beroofd en dat je ze nu terug wilt pakken, maar dan wek je een negatieve geestestoestand op die je niets verder helpt op het pad. Je focust dus op het positieve en wekt de verlichtingsgeest (bodhicitta) op voor alle levende wezens zonder uitzondering. Contemplatie op de intimiteit van de relaties die we met elkaar gehad hebben, betekent dat niemand een vreemde van ons is. Het inspireert geweldloosheid en het wegvallen van de onnodige, kunstmatige afstandelijkheid die het menselijk verkeer zo vaak kenschetst. Het opent de weg voor liefde en mededogen.

Absolute en relatieve bodhicitta

Absolute bodhicitta wordt gerealiseerd in de meditatie. Het is geen beoefening, maar een staat van zijn. Relatieve bodhicitta is de transformatie van de dualistische geest. Hier wordt gewerkt met de relatieve wereld van oorzaken en omstandigheden. Relatieve bodhicitta wordt onderverdeeld in een intentie of aspiratieaspect en een applicatie of actieaspect.

Naast het afleggen van de bodhisattvagelofte wordt de bodhicitta van aspiratie opgewekt door het beoefenen van de Vier Onmetelijkheden: onmetelijke liefde, onmetelijke compassie, onmetelijke vreugde en onmetelijke gelijkmoedigheid. De wens dat wezens geluk en de oorzaken van geluk ervaren is de expressie van onmetelijke liefde. Het is het tegengif tegen agressie. De wens dat zij vrij zijn van lijden en de oorzaken van lijden is de uitdrukking van onmetelijke compassie en het tegengif tegen begeerte. Onmetelijke meevoelende vreugde wordt opgewekt door de wens dat levende wezens het grote geluk, dat vrij is van lijden, mogen hebben. Dit is het tegengif tegen jaloezie. De onmetelijke gelijkmoedigheid, vrij van vooroordeel, gehechtheid of afkeer, is het tegengif tegen trots en onwetendheid.

In tegenstelling tot de vier *Brahmavihara's* (Staten van Brahma) waar met liefde begonnen wordt, wordt hier de basis gevormd door de gelijkmoedigheid. Dit maakt dat de liefde, compassie en vreugde niet bevooroordeeld zijn door persoonlijke voor- en afkeuren, maar het 'ik' overstijgen. Er is dus niet alleen sprake van een onmetelijke houding van liefde, compassie, meevoelende vreugde en gelijkmoedigheid, maar ook een onmetelijk object dat vrienden, vijanden en neutralen omvat. Een grenzeloze intentie en een grenzeloos object leiden tot een grenzeloos resultaat.

De beoefening van jezelf inwisselen voor anderen

In de training in bodhicitta van Shantideva in de *Bodhicaryavatara* zijn drie stappen te onderscheiden:

Anderen als gelijk aan jezelf beschouwen	– gelijkmoedigheid
Anderen voor jezelf inwisselen	– liefde en compassie
Anderen als belangrijker dan jezelf beschouwen	– meevoelende vreugde

De eerste stap is te realiseren dat anderen net zo graag gelukkig willen worden als jij en net zo graag lijden willen vermijden. Plaats jezelf vervolgens in hun schoenen. Beschouw je relaties, zoals je baas, je vader, je partner, man of vrouw nu eens niet vanuit jouw gezichtspunt: jouw baas, jouw vader, jouw partner, maar beschouw ze als een andere jij. Dan kun je veel beter zien wat een ander nodig heeft en hoe deze zich voelt. Wanneer je bijvoorbeeld voor een zieke zorgt en je stelt je voor hoe jij het zou vinden om in dat bed te liggen, met alle pijn en angst van dien, dan ben je veel beter in staat om te weten wat die persoon nodig heeft, en wat hem of haar zal helpen. Op de vraag waarom anderen belangrijker zijn dan jijzelf, zegt de Dalai Lama eenvoudig: 'Omdat er meer anderen zijn!'

In Tibet werd de training van de geest in bodhicitta (*Lojong*) tot perfectie gebracht in de *Kadampatraditie*. Atisha (982-1054) zou dit onderricht vanuit Indonesië naar Tibet hebben gebracht. Aldaar werd het verder ontwikkeld. Toen Geshe Chekawa de slogan 'Geef winst aan anderen, neem verlies op jezelf' zag, was hij diep geraakt. Hij vroeg aan de leraar die het onderwees: 'Is dit onderricht belangrijk?' Deze antwoordde: 'Of je het leuk vind of niet, als je boeddhaschap wilt bereiken, is er geen andere weg.' Om te trainen in deze geesteshouding die recht tegen het ego ingaat, wordt *tonglen* beoefend: 'Geven en nemen op het medium van de ademhaling', een verdieping van Shantideva's 'jezelf inwisselen voor anderen'.

Tonglen

Ga rustig zitten en breng je geest tot rust middels de shamathameditatie. Maak vervolgens contact met de bron van liefde en compassie in je hart door invocatie van de boeddha's en bodhisattva's en toevlucht tot hen te nemen, of door de eerder beschreven beoefening van liefdevolle vriendelijkheid te doen. Stel je dan een goede bekende voor, die ziek is, of een moeilijke tijd doormaakt. Stel je voor dat al zijn pijn en lijden zich samenbalt in een hete, zwarte wolk. Met de inademing adem je deze zwarte wolk in en daarbij stel je je voor dat je al het lijden van je vriend of bekende in je opneemt. De wolk gaat naar je hart waar het raakt aan de liefdevolle kracht van mededogen. Door je bereidheid lijden en pijn van iemand anders op je te nemen doorsnijd je het grijpen naar een zelf. De bodhicitta in je hart is als een wensvervullend juweel die het lijden transformeert in liefde. Met iedere uitademing stel je voor dat je liefde, geluk, troost en genezing in de vorm van een verkoelend wit licht naar je vriend straalt. Met iedere inademing neem je lijden op je middels compassie en met iedere uitademing geef je geluk en genezing uit liefde. Je stelt je dan ook voor dat het witte licht je zieke vriend echt raakt en dat hij er helemaal van vervuld raakt en echt liefde en genezing vindt. Daarna breid je de cirkel van mensen uit. Eerst weer mensen van wie je houdt en die dicht bij je staan, dan neutrale mensen, vervolgens mensen die je irritant vind of die je niet kunt uitstaan. Ook van hen neem je het lijden op en geef je liefde.

Misschien denk je: 'Iedereen mag gelukkig worden, maar díe...? Dat is zo'n vervelende kerel, die verdient het niet.' In het onderricht wordt echter gezegd dat als je ook maar één persoon uitsluit van bodhicitta, dat je jezelf dan net zo lang de weg naar boeddhaschap ontzegt tot je deze persoon ook in je beoefening kan betrekken. Uiteindelijk stel je je in deze tonglenbeoefening van het geven en nemen voor dat je het lijden van alle levende wezens inademt en op je neemt en bij iedere uitademing onmetelijke liefde en geluk aan alle wezens geeft. Er zijn grote meesters, echte bodhisattva's, die deze beoefening bijvoorbeeld ook op hun sterfbed doen en zo op dit krachtige moment hun hele leven toewijden aan het wegnemen van lijden en aan het geluk van alle levende wezens.

Veel mensen vragen zich af of het geen kwaad kan op deze manier ziekte en lijden van anderen op je te nemen. Het enige waar het echter schade aan kan brengen is het ego, dat zichzelf tracht te beschermen. Deze houding van openheid wordt goed geïllustreerd in het verhaal van de Tibetaanse yogi Milarepa (1040-1123). Hij kwam eens van een wandeling terug in zijn grot en vond deze bevolkt met angstaanjagende demonen. Ze zaten op zijn bed, aten zijn voedsel en lazen zelfs zijn geschriften. Eerst werd hij boos en reciteerde allerlei toornige mantra's om ze weg te krijgen, maar ze waren niet onder de indruk. Toen herinnerde hij het onderricht van zijn leraar Marpa dat hij compassie voor alle levende wezens moest hebben. Dus riep hij mededogen op in zijn geest, maar ook dit hielp niet. Het mededogen was conceptueel en niet echt gemeend. Toen kreeg hij een inzicht en zei dat alle demonen van harte welkom waren en dat ze hun familie moesten uitnodigen en zo lang konden blijven als ze maar wilden. Hij ging zelfs zo ver dat hij zijn hoofd in de mond van de grootste en meest angstwekkende demon stopte en zichzelf als voedsel aanbood. Op dat moment verdwenen alle demonen. Doordat Milarepa vijanden als vrienden binnenhaalde, verdwenen alle angstprojecties.

De drie edele principes

Het is deze houding van universeel mededogen die het hart van de beoefening van het mahayana en de basis van de beoefening van het vajrayana vormt. De beoefening van bodhicitta wordt gedragen door de *Drie Edele Principes* van goed in het begin, goed in het midden en goed aan het einde. Dit is wat meditatie maakt van een simpele concentratiebeoefening tot een spirituele beoefening die je geest transformeert. De Drie Edele Principes worden door de grote Longchenpa (1308-1363) het oog, hart en levenskracht van de beoefening genoemd. Nyoshul Khen Rinpoche (1932-1999) zei hierover: 'Meer dan dit is niet nodig, minder dan dit is niet compleet.'

Het opwekken van de motivatie van bodhicitta door bijvoorbeeld de geestelijke houding van de Vier Onmetelijkheden aan te nemen is *goed in het begin*. Je doet beoefening met de intentie dat je anderen daarmee helpt, want door je geestelijk te ontwikkelen kun je anderen beter helpen een weg uit het lijden te vinden.

Goed in het midden is de houding van niet grijpen naar ervaringen en het bewaren van het zicht van shunyata, de absolute bodhicitta, als de grond van de beoefening.

Ten slotte worden met *goed aan het einde* alle verdiensten van de beoefening opgedragen aan het heil en de spirituele ontwikkeling van alle voelende wezens. Hiermee wordt de beoefening bezegeld. Gezegd wordt dat de verdiensten van de beoefening kunnen verdwijnen door bijvoorbeeld een moment van boosheid, maar door de verdiensten op te dragen kunnen ze nooit meer verloren gaan. De daad van het opdragen maakt zelfs dat ze zich vermeerderen. Het opdragen van de verdiensten wordt ten slotte compleet gemaakt wanneer dit gebeurt met het zicht van shunyata, de wetenschap dat er uiteindelijk niemand is die opdraagt, niemand om aan op te dragen, dus wat valt er dan nog op te dragen? Niettemin lijden wezens in samsara en worden de verdiensten aan hen opgedragen.

De vijf paden en tien stadia van het bodhisattvapad

De Vier Onmetelijkheden vormen het aspiratieaspect van relatieve bodhicitta. Het actieaspect wordt gevormd door de zes *paramita's*, 'transcendente handelingen': generositeit, discipline, geduld, enthousiaste volharding, concentratie en wijsheid. Aspiratie en actie verhouden zich als het plannen van een reis en het daadwerkelijk op pad gaan. Waar in de meditatiesessies op leegte gemediteerd wordt, komt het in de postmeditatie aan op transcendent handelen. De eerste vijf paramita's generositeit, discipline, geduld, enthousiaste volharding en meditatieve concentratie (niet afgeleid zijn) onderscheiden zich van gewone generositeit en zo meer, doordat ze het element van de zesde paramita, wijsheid (prajnaparamita) in zich dragen. Dit wil zeggen dat bij de paramita van generositeit niet alleen gegeven wordt zonder iets terug te verwachten, maar geheel zonder de notie dat er een 'ik' is die 'iets geeft' aan een 'ander'. In de meest pure vorm overstijgen de paramita's dualistische noties en is er enkel sprake van spontaan handelen, waar en wat er nodig is, op het juiste moment.

Dit is een pad van training en beoefening en daarom begin je met de meer onzuivere vorm van de paramita's, waarbij er nog steeds sprake is van een persoon die zich uit goede wil verdienstelijk probeert te maken. Dit is niet slecht, juist goed, maar wel beperkt en nog niet egotranscenderend. Daarom heet de eerste van de vijf mahayanapaden het *pad van het verzamelen van verdienste.*

Met het tweede mahayanapad, het *pad van betrokkenheid* of het *pad van het verbinden*, raak je meer betrokken door de activiteit van de wijsheid van luisteren en horen, contemplatie en reflectie, en applicatie en meditatie. Je krijgt op dit pad opheldering over leegte, maar het blijft nog op verstandelijk niveau. Toch wordt geprobeerd een link te leggen tussen verstandelijke kennis en directe meditatie-ervaring.

Op het *pad van zien* krijg je de eerste echte ervaring van shunyata, van leegte, de absolute waarheid. Het is een doorbraak waarbij je gelijktijdig de oorzaken en omstandigheden van het lijden van samsara ziet, als wel als de realisatie van de egoloosheid van het zelf en de verschijnselen. Met het directe zien van shunyata middels de prajnaparamita, neemt de verzameling van wijsheid een aanvang. Het transcendente handelen wordt nu ook echt ego-overstijgend, zodat we eigenlijk hier pas echt van paramita's kunnen spreken. De bodhisattva stabiliseert zijn beoefening door middel van twee verzamelingen: de verzameling van verdienste, dat de basis legt voor de realisatie van het rupakaya, en de verzameling van wijsheid, dat de basis vormt voor de realisatie van het dharmakaya. Door te mediteren op shunyata worden verduisteringen en gewoontepatronen gezuiverd. Doordat je ziet dat dingen leeg zijn, in essentie niet bestaan, hoef je er niet naar te grijpen en kan je loslaten. Het zicht van leegte is hier echter nog niet stabiel. Er is nog een verschil tussen de ervaring in de meditatie en wanneer je uit meditatie komt, de postmeditatie.

Het vierde mahayanapad is het *pad van meditatie*: op dit niveau geen shamathameditatie, maar meditatie zonder subject of object, het unieke zien van vipashyana. In de postmeditatie worden de paramita's beoefend, die van zes uitgebreid worden tot tien: geven, discipline, geduld, enthousiaste volharding, concentratie, wijsheid (prajnaparamita), vaardige middelen, kracht, aspiratie en primordiale wijsheid (*jnanaparamita*). Ieder van deze tien paramita's is verbonden met een stadium van het bodhisattvapad. Het eerste stadium (*bhumi*) van het bodhisattvapad wordt bereikt op het 'pad van zien' met het zien van leegte en correspondeert aan de paramita van generositeit. De overige negen stadia van het bodhisattvapad, die allen met een van de paramita's corresponderen, worden op het pad van meditatie doorlopen. Emotionele verduisteringen worden verwijderd in het eerste tot en met het zevende stadium. In het achtste tot en met het tiende stadium worden ook de meest subtiele cognitieve verduisteringen, die opspelen in de postmeditatie, verwijderd.

Ten slotte is er het vijfde *pad van niet meer leren*. Dit valt samen met de elfde bhumi, en volledige verlichting, boeddhaschap.

7 Boeddhisme in China en Japan: het Zuivere Land, Ch'an en Zen

Terwijl het Theravadaboeddhisme zich naar het zuiden verspreidde en in Zuidoost-Azië de dominante vorm van religie werd, verspreidde het mahayana zich via het noorden in oostelijke richting. Vanaf de eerste eeuw via de zijderoute naar China en vandaar in de vierde eeuw naar Korea en in de zesde eeuw naar Japan. Ook verspreidde het zich vanuit China naar Vietnam, Indonesië en in de zevende eeuw naar Tibet. In het laatste geval was er ook een directe stroom vanuit India naar Tibet. Een dergelijke verspreiding is natuurlijk een heel complexe zaak en het betreft hier dan ook alleen de grote lijnen.

De verspreiding van het mahayanaboeddhisme naar Noordoost-Azië

De komst van het boeddhisme naar China was een grote gebeurtenis voor zowel het boeddhisme als voor China. Belangrijke ontwikkelingen vonden plaats in China, maar de Chinezen vielen niet als een blok voor het boeddhisme. Deze grote en trotse civilisatie had haar eigen gesofisticeerde gedachtegoed. Het confucianisme voorzag in een blauwdruk voor het maatschappelijke leven en gaf structuur aan het leven in het grote keizerrijk. Het filosofische taoïsme van Lao Tze en Chuang Tze bood met zijn natuurmystiek en anarchisme tegenwicht tegen het bureaucratische confucianisme. De taoïstische volksreligie kende een ongekend scala aan geesten en demonen en goden voor iedere activiteit. De nuchterheid van het boerenland, de familie en het aardse leven stonden voorop. Harmonie in de maatschappij tussen hemel en aarde werd bereikt door je sociale rol te vervullen of de mystieke weg van de *tao* te bewandelen en onsterfelijk te worden. De vreemde leer uit het barbarenland India met ideeën over het lijden in samsara en bevrijding van geboorte en dood werd dan ook niet onmiddellijk begrepen. Bedelende monniken werden aanvankelijk door de hardwerkende Chinezen dan ook maar als parasieten beschouwd.

Met het vallen van de Handynastie in 220 ontstond een periode van chaos en onzekerheid. De vergankelijkheid manifesteerde zich en de nieuwe religie kreeg meer kans. Monniken en kooplieden brachten het boeddhisme naar China. Sommige Chinezen meenden dat de dharma, de leer van Boeddha, eigenlijk de tao, betrof. De weg (tao) viel voor hen samen met het pad naar verlichting. Later maakten verscheidene moedige Chinezen de lange reis naar India om de bron van het boeddhisme te onderzoeken. Veel van de verslagen over het India van die tijd zijn geschreven door deze Chinese pelgrims. In de loop der eeuwen evolueerde het boeddhisme in China en een aantal min of meer onderscheiden stromingen ontstond. Deze stromingen zijn slechts min of meer onderscheiden omdat gewone beoefenaars altijd heel praktisch dat doen wat hun het beste uitkomt en zich niet zozeer zoals filosofen door principes en denkbeelden laten leiden. In China is het zelfs zo dat er geen exact equivalent voor ons woord 'religie' bestaat. Soms wordt er gesproken over *men*, 'deur', *tao*, 'weg', 'waarheid' of *chiao*, 'onderricht'. Voor verschillende aspecten van het leven werd bij verschillende tradities aan de deur geklopt: bij Confucius voor het publieke leven, bij een taoïst op zoek naar onsterfelijkheid, bij een boeddhist voor een begrafenis of de voorouders, en in het geval van crisis of ziekte ging men bij de volkswijsheid te rade en werd bijvoorbeeld een medium dat in trance raakt bezocht.

Het hoogtepunt van de boeddhistische cultuur in China vond plaats tussen de zesde en negende eeuw toen allerlei tradities en scholen tot bloei kwamen. Sommige scholen probeerden al het onderricht van de Boeddha te rangschikken rond een bepaalde soetra, zoals de *Hua Yen*, 'Bloemornament' (*Kegon* in Japan) die de *Avatamsakasoetra* als superieur zag en de *Tien-tai*, wiens stichter Chih-i (538-597) zei dat de ultieme intentie van de Boeddha gevonden kan worden in de *Lotussoetra*. Daarom heet deze laatste school ook de Witte Lotusschool (*Tendai* in Japan). Historisch verwant met de Tendai is de *Shingon* 'school van het ware woord' (mantra) gesticht door Kukai (774-835). Deze vajrayanaschool is de enige nog overgebleven esoterische traditie in Oost-Azië.

Naast scholen die meer de elite aanspraken doordat grote nadruk op studie van de soetra's lag, waren er ook scholen met nadruk op beoefening: de devotionele Zuivere Landschool en de meditatieschool *Ch'an*.

Het Zuivere Land

De Zuivere Landschool voert terug op de mahayanasoetra's over Boeddha Amitabha, de Boeddha van Oneindig Licht (*Ami-to-fo* in China en *Amida* in Japan), die verblijft in het westelijk paradijs Sukhavati (het zuivere land van gelukzaligheid). Volgens deze soetra's ontstond dit paradijs na een aantal hartstochtelijke gebeden en aspiraties van de bodhisattva Dharmakara. Hij legde de gelofte af dat wanneer hij boeddhaschap zou bereiken, hij voor het heil van alle wezens een sacrale dimensie zou scheppen, en eenieder die er geboren zou worden, zou gegarandeerd verlicht raken. Een aantrekkelijk idee dat dan ook erg populair is geworden. De soetra geeft exacte beschrijvingen zodat je de roodgekleurde Amitabha op het moment van je dood kan visualiseren. De sleutel is absoluut vertrouwen te hebben in Amitabha. Wanneer je sterft zullen bodhisattva's je begeleiden naar het westelijk paradijs waar je herboren wordt in een lotus. Zelfs als je niet helemaal gelooft, maar wel een beetje, word je aldaar herboren in een lotus, maar in dat geval is de lotus gesloten en het duurt dan ook even voor je de zegeningen van Amitabha en zijn gevolg volledig kan ervaren. Hoewel Boeddha Amitabha en zijn paradijs in uiterlijke termen beschreven worden en de gedachte op zou kunnen komen dat het hier een plaats is, ergens, waar 'iemand' naartoe gaat, betreft het hier toch de beoefening en visie van het mahayanaboeddhisme. Op een subtieler innerlijk niveau betreft het oneindige licht van Amitabha dan ook niets anders dan de verpersoonlijking van het oneindige licht van de lege natuur van de eigen geest en bevindt zijn paradijs zich dan ook in de ruimte van het eigen hart.

Terwijl in India devotie voor Amitabha en andere transcendente boeddha's en bodhisattva's zoals Manjushri (wijsheid) of Avalokiteshvara (mededogen) ingebed waren in de context van het mahayana, ontstonden in China en later in Japan aparte scholen die zich helemaal op een specifieke devotionele beoefening toelegden. Dit leidde tot een creatieve explosie in de schilder- en beeldhouwkunst. Naast Amitabha staat de bodhisattva Avalokiteshvara vaak afgebeeld aan zijn rechterkant om de overledenen te helpen. Deze bodhisattva van compassie, die ook heel populair is geworden in Tibet, is in China getransformeerd in een Maria-achtige figuur *Kwan Yin* (*Kannon* in Japan), die de gelovigen vaak redt uit allerlei rampen, zoals schipbreuk en brand.

In Japan ontwikkelde het Zuivere Landboeddhisme zich tot een van de belangrijkste stromingen met twee vertakkingen. De *Jodo-Shu* werd gesticht door Honen (1133-1212). Honen dacht dat het te moeilijk was voor mensen in zijn tijd om direct het boeddhisme te beoefenen. Daarom moesten ze eerst herboren worden in het Zuivere Land van Amitabha. Hij raadde de eenvoudige beoefening van het vol vertrouwen in de genade van Amitabha reciteren van de *nembutsu*, de hulde aan Amitabha, in het Japans: *namu amida butsu*. Deze chant wordt nog steeds door aanhangers van deze school in Japan gereciteerd. Shinran (1173-1262) was een leerling van Honen, die zijn eigen school stichtte, de *Jodo Shinshu*, de Ware Zuivere Landschool. Deze school is zo populair geworden dat ze de meeste aanhangers van alle scholen in Japan heeft. Shinran interpreteerde de gelofte van Amitabha met de gedachte dat alle wezens al verlicht waren, maar zich dit nog niet realiseerden. Deze visie van radicale eenvoud stelt dat je niets hoeft te doen om Sukhavati te bereiken, zelfs niet de nembutsu reciteren. Je kan zelfs niets doen, want alles is al voor je gedaan. De hulde aan Amitabha breng je niet om in Sukhavati te komen, maar om je dankbaarheid uit te drukken dat je reeds gearriveerd bent!

Een andere invloedrijke en ook controversiële figuur die aan de Zuivere Landscholen gerelateerd is, is Nichiren (122-1282). Ook de beoefening die hij voorstond is gebaseerd op het met devotie herhalen van een eenvoudige formule. Dit keer niet de naam van een boeddha of bodhisattva, maar van een soetra, de *Lotussoetra*. Nichiren was aanhanger van de Tien-Tai, die in Japan Tendai heet. Zijn adoratie voor de *Lotussoetra* was zo groot, dat hij geloofde dat je de tekst niet eens hoefde te bestuderen, maar enkel vol vertrouwen de titel te reciteren: 'Hulde aan de Lotussoetra van de schitterende Wet'. In het Japans: *Namu myoho renge kyo*. Door de recitatie zouden niet alleen je eigen wensen vervuld worden, maar ook die van Japan. Nichiren kwam in aanvaring met andere boeddhistische scholen die hij van het heulen met demonische krachten betichtte. Hij ontsnapte aan de doodstraf en verbleef drie jaar in ballingschap tot aan zijn terugkeer. Na zijn dood versplinterde zijn beweging totdat in het verscheurde Japan na de tweede wereldoorlog een lekengroep genaamd *Soka Gakkai* zeer populair werd. Zij reciteren *namu myoho renge kyo* en hebben Nichiren als de boeddha van dit tijdperk op hun altaar. Deze groep is in Japan een sterke politieke en sociaaleconomische kracht met een voor het boeddhisme uitzonderlijke missiedrang, die miljoenen Japanners en ook enkele westerse beroemdheden, tot hun geloof bekeerd heeft.

Ch'an en Zen

De in het Westen meest bekende boeddhistische traditie, die zich in China en Japan ontwikkeld heeft, is de meditatietraditie van Ch'an, die in Japan Zen heet. Ch'an komt van het Sanskrietwoord voor meditatie: *dhyana*. Het eerste Zenonderricht werd gegeven door de Boeddha. Bij een voordracht had zich op een keer een grote groep luisteraars verzameld. Geduldig wachtte ze allemaal tot de Boeddha ging spreken. Hij bleef rustig zitten en keek rond, maar sprak niet. Op een gegeven moment pakte hij een bloem op en toonde deze. Niemand begreep wat de Boeddha bedoelde, behalve Mahakashyapa. Hij glimlachte. Gezegd wordt dat met deze overdracht de latere Zentraditie een aanvang nam.

De wortels van het Chinese Ch'an gaan terug naar de achtentwintigste patriarch na Shakyamuni Boeddha, de legendarische Zuid-Indiase *siddha* Bodhidharma. Hij vertrok per boot naar Zuid-China en sprak in Kanton met keizer Wu, een boeddhistisch bekeerling die veel tempels had gebouwd. Deze vroeg Bodhidharma: 'Wat voor verdienste geeft dit me?' 'Helemaal niets,' zei Bodhidharma. 'Waar gaat het heilige geloof dan om?' 'Om de grote leegte, en daar is niets heiligs aan,' sprak Bodhidharma tegen de verbouwereerde keizer. Bodhidharma zag dat ze in China nog niet klaar waren voor zijn onderricht en vertrok over de Jangste naar het noorden. Volgens de overlevering reisde hij daarbij op een rietje! Bij het Shaolinklooster aangekomen, ging hij mediteren. Negen jaar lang keek hij naar een muur. Om niet in slaap te vallen had hij zijn oogharen uitgerukt. Hui-k'o werd zijn leerling en ging later naast hem zitten, maar aanvankelijk werd hij niet geaccepteerd en stond in de sneeuw bij hem. Om Bodhidharma van zijn integere en serieuze motivatie te overtuigen hakte hij zijn arm af en zei: 'De geest van uw discipel heeft nog geen rust gevonden. Ik vraag u, meester, geef hem vrede.' Bodhidharma zei: 'Breng de geest hier en ik zal hem tot rust brengen.' Hui-k'o zei: 'Ik heb overal gezocht, maar kan hem toch niet vinden.' Waarop Bodhidharma antwoordde: 'Dan heb ik hem volkomen tot rust gebracht.' Zes jaar later gaf Bodhidharma dharmatransmissie aan Hui-k'o, die de tweede Ch'an-patriarch in China werd.

De figuur van Bodhidharma is met legenden overladen. Hij wordt in de rijke schilderkunst van China en Japan afgebeeld als een woeste kerel met een baard en wijd opengesperde dwingende ogen, altijd wakker en waakzaam. Verhaald wordt hoe hij na zijn dood nog gezien werd door een Chinese pelgrim. Deze zag Bodhidharma lopen met één sandaal aan. Bij zijn terugkeer werd Bodhidharma's graf in China geopend en er werd geen lijk gevonden, maar slechts een sandaal! Ondanks deze wilde verhalen is Bodhidharma's onderricht nog sterk in de Indiase traditie geworteld. Hij raadde Hui-k'o aan om vooral de *Lankavatarasoetra* te bestuderen.

Plotseling verlichtend inzicht

De taoïstische invloed op Ch'an kwam pas bij de zesde patriarch Hui-neng (634-714), die beschouwd wordt als de enige Chinese auteur van een werk dat later als soetra zou worden beschouwd: T'*an-ching*, de 'Platformsoetra'. Hui-neng kwam van een arme familie en had bijna geen formeel onderwijs genoten. Toen hij op een dag wat hout bij een huis had gebracht hoorde hij een regel uit de *Diamantsoetra*: 'Laat je geest vrij stromen zonder ergens bij stil te staan.' Dit ontlokte een spontane verlichtingservaring in hem. Hij vroeg waar het onderricht vandaan kwam en ging Hung-jen, de vijfde patriarch, opzoeken op de berg Huang-mei. De patriarch zag onmiddellijk zijn natuurtalent, maar begreep ook dat Hui-neng geen kans zou hebben tussen de geleerde monniken van het klooster en plaatste hem in de keuken. Toen de tijd gekomen was om zijn opvolger te kiezen vroeg de vijfde patriarch zijn leerlingen een gedicht te schrijven om hun inzicht te uiten. De geleerde en gedoodverfde opvolger Shen-hsiu schreef:

> Het lichaam is de boom der wijsheid
> De geest is een glanzende spiegel op een standaard
> Zorg ervoor die steeds schoon te vegen
> En laat er geen stof op vallen.

Het gedicht werd publiekelijk geroemd, maar de vijfde patriarch zei in vertrouwen tegen Shen-hsiu dat het geen spontaniteit vertoonde. De volgende dag had op dezelfde plek de keukenhulp Hui-neng zijn gedicht geplaatst:

> In principe bestaat de boom der wijsheid niet
> Evenmin als de standaard van een helder glanzende spiegel

Waar moet het stof neerdwarrelen
Als alles vanaf het begin leegte is?

De vijfde patriarch Hung-jen herkende in Hui-nengs regels een veel dieper inzicht en gaf Hui-neng in het geheim de mantel en bedelnap ten teken van de overdracht. Hij vertelde hem te vluchten. Jaloerse leerlingen volgden Hui-neng echter naar het zuiden en probeerden de mantel, die de Boeddha nog gedragen zou hebben, te stelen. Hui-neng gooide het gewaad op de grond en zei: 'Deze mantel is een symbool van dharma. Niemand kan het met geweld opnemen.' Ming, de leider van het groepje, probeerde het toch, maar zodra zijn handen het kleed raakten, kreeg hij spijt en zei: 'Ik zoek de waarheid en niet het gewaad. O, broeder, help me om mij van mijn onwetendheid te verlossen.' Hui-neng antwoordde: 'Als je de waarheid zoekt, hol dan niet langer achter de dingen aan. Denk niet langer aan wat goed en verkeerd is, maar zie net als nu hoe je oorspronkelijke gezicht eruitzag voordat je ouders geboren werden.'

Zo ontstond de zuidelijke school van de Ch'antraditie. De noordelijke stierf na een paar generaties uit. Hui-neng bracht taoïstische elementen in het boeddhisme, zoals het verwerpen van schriftgeleerdheid die niet gepaard gaat met persoonlijke ervaring. Liever de geschriften verscheuren, dan boekenwijsheid van anderen verkondigen. Meditatie werd beïnvloed door het taoïstische *wei woe wei*, 'doen door niet doen'. Als je je geest natuurlijk laat zijn, komt verlichting spontaan. De traditie van Hui-neng is die van de plotselinge verlichting. Deze wordt teweeggebracht door op het juiste moment het grijpende intellect te verrassen en uit te hollen door meditatie op *koans*. Dit zijn vraagstukken waar het conceptuele denken op stukloopt, zoals: 'Hoe ziet je oorspronkelijk gezicht eruit voordat je ouders geboren waren?'

De traditie van plotselinge verlichting is tot grote hoogte gebracht door de krachtige meester Lin-chi (overleden in 866). Hij staat beter bekend onder zijn Japanse naam *Rinzai*. Hij is de stichter van de Rinzaischool, een van de twee Japanse Zenscholen die nog steeds bestaan. Lin-chi was teleurgesteld in zijn studie van de soetra's. Hij haatte schijnheiligheid en religieuze conventies. Spontaniteit en openheid van geest stonden bij hem voorop. Ruige methoden om zijn studenten wakker te schrikken ging hij niet uit de weg. Hij zei in de *Rinzai Roku* ('Boek van Rinzai'):

> Vele studenten komen mij van overal bezoeken. Velen van hen zijn niet vrij van verwikkeling in externe zaken. Ik behandel hen meteen ter plaatse. Als hun moeilijkheden veroorzaakt worden door graaiende handen, sla ik hen daar; als hun moeilijkheid loslippigheid is, tref ik hen daar. Als hun moeilijkheden achter hun ogen verborgen liggen, sla ik hen daar. Tot nu toe heb ik nog nooit iemand ontmoet die zichzelf bevrijden kan. Dat komt doordat zij allemaal gevangen zitten in de nutteloze methoden van de oude meesters. Wat mij betreft, ik bezit niet alleen een methode die ik iedereen geef, maar ook bevrijd ik mensen van welke moeilijkheid ook en maak hen vrij. Vrienden, ik zal jullie dit zeggen: er bestaat geen boeddha, geen spiritueel pad dat men volgen kan, geen beoefening en geen realisatie. Waar hollen jullie toch zo koortsachtig achteraan? Zetten jullie een hoofd op je eigen hoofd, jullie verblinde idioten? Jullie hoofd zit precies waar het zitten moet. De moeilijkheid ligt in het feit dat jullie niet genoeg in jezelf geloven. Daar jullie niet in jezelf geloven, worden jullie heen en weer gegooid door al die condities waarin jullie je bevinden. Jullie zijn slaven en worden rondgedraaid door externe toestanden; jullie bezitten geen grein vrijheid, jullie zijn geen meester over jezelf. Houd op met je naar buiten keren en hecht ook niet aan mijn woorden. Houd alleen op met je aan het verleden vast te klampen en naar de toekomst te hunkeren. Dat zal beter zijn dan tien jaar pelgrimstochten maken.[30]

Het is duidelijk dat Lin-chi geen blad voor zijn mond nam. Hij was bereid alles te doen om een verlichtingservaring (*satori* in het Japans) in zijn leerlingen te bewerkstelligen. Hij sloeg en schreeuwde: 'Ho!' en 'Katso!' In de schok valt de conceptuele geest weg en kan zich de ruimte van shunyata, zien zoals het is, openen. In Japan werd deze traditie, die Rinzai-Zen heet, zeer populair. Studenten op het pad worden vooral gewaarschuwd de Boeddha niet te misbruiken en een concept van Boeddha tussen henzelf en de werkelijkheid te plakken. 'Als je de Boeddha ziet, dood dan de Boeddha' is een beroemd advies in deze context. Telkens weer wordt benadrukt dat je zelf reeds de boeddhanatuur bezit en dus niets anders nodig hebt. Iemand vroeg Zenmeester Joshu: 'Wat zou u geven als een door armoede getroffen man bij u komt?' Hij antwoordde: 'Wat ontbreekt hem?' Toen bij een andere gelegenheid aan meester Joshu werd gevraagd: 'Als er een man bij u komt die niets heeft, wat zou u dan tegen hem zeggen?' Hij antwoordde meteen: 'Gooi dat maar weg.' Paradox wordt bewust gebruikt om uitdrukking te geven aan de Zengeest. In de Rinzaischool is het gebruikelijk dat de leerling dagenlang worstelt met koans als: 'Heeft een hond een boeddhanatuur?' of: 'Wat is het geluid van één klappende hand?' De Japanse meester Hakuin (1686-1769) zei dat een koan tot verlichting kan leiden, maar alleen als je door de 'grote twijfel' heen gaat:

> Als je één koan neemt en die zonder ophouden onderzoekt, sterven je gedachten en worden de eisen van je ego vernietigd. Het is alsof zich voor je een enorme afgrond opent waar geen plaats is om je handen of voeten neer te zetten. Je ziet de dood voor ogen en je hart voelt alsof het in vlam staat. Dan ben je plotseling één met de koan en kun je lichaam en geest laten gaan... Dit staat bekend als het zien van de eigen natuur. Je moet meedogenloos voortgaan en met behulp van deze grote concentratie zul je zonder mankeren doordringen tot de oneindige bron van je eigen natuur.[31]

Om de zoveel tijd heeft de discipel dan een onderhoud met zijn meester waarin hij zijn voortgang en begrip moet tonen. De Zenliteratuur kent duizenden van deze interacties, die in de student een 'ik weet het niet'-geest oproepen. Voor het intellect is dit een heel kwetsbare positie, die op een gewone school of universiteit niet wordt geaccepteerd. In Zen kan dit uitdrukking zijn van een open geest, vol mogelijkheden, klaar om het absolute te zien. Deze houding van niet-weten wordt op paradoxale wijze een houding van weten voorbij woorden. Mensen die het denken te weten geven vaak uitdrukking aan hun onwetendheid. Zoals de beroemde taoïstische wijze Lao Tze, wiens wijsheid en stijl de Ch'antraditie beïnvloed heeft, zei: 'Hij die weet, spreekt niet. Hij die spreekt, weet niet.' De Rinzai-Zentraditie benadrukt heel erg dit onmiddellijke zien en weten. Het penetrerende inzicht in de absolute waarheid van shunyata verlicht alle relativiteit. Het vereist dan ook de moed van een krijger. Rinzai zei:

> Volgers van de Weg, als je in overeenstemming met de dharma wilt zijn, moet je resoluut zijn. Als je zonder ruggengraat en onzeker bent, dan lukt dat niet. Een gebarsten vat kan de nectar van ambrosia niet bevatten. Om een goed vat van de dharma te zijn kan je niet

misleid worden door de meningen van anderen. Maak jezelf meester waar je ook gaat; waar je ook staat, is de ware plaats. Wat er ook van buiten komt, neem het nooit aan. Die ene twijfel van je is de duivel die onmiddellijk je geest binnenkruipt. Wanneer een bodhisattva twijfelt, krijgt de demon van geboorte en dood de bovenhand. Laat je geest gewoon niet zoeken. Verlang nooit naar iets externs. Als iets komt, sla het dan gade. Al wat je moet doen is vertrouwen hebben in jezelf, wat aanwezig is in handelen, hier, nu. Iets anders hoef je niet te doen.[32]

Eindeloos zitten

Naast de Rinzaischool van plotselinge verlichting is er nog een tweede Zentraditie die zich in Japan sterk ontwikkelde. Dogen (1200-1253) besefte door het vroege overlijden van zijn ouders al op jonge leeftijd de vergankelijkheid van het leven en hij werd op zijn verzoek tot monnik gewijd. Hij vroeg zich af waarom als alle wezens boeddhanatuur hebben, het zo moeilijk was dit te realiseren. Hij had nog niet ingezien dat je wel kunt beoefenen, maar dat het heel moeilijk is vooropgestelde ideeën over je beoefening kwijt te raken. Hij ging op reis naar China. Dogen beoefende *zazen*-meditatie, maar zat te veel in het ontspannen verblijven (shamatha) in plaats van de heldere aanwezigheid (vipashyana) van de geest. Hij werd wakker geschud tijdens het mediteren door een opmerking van meester Ju-ching tegen een andere monnik: 'De praktijk van zazen is om lichaam en geest te laten vallen. Wat denk je dat een dutje zal bereiken?' Deze woorden zorgden voor een doorbraak. Zazen is niet alleen maar zitten, maar je openen voor de werkelijkheid. Na dit inzicht ging hij naar de kamer van zijn meester en stak een wierookstaafje aan eer hij zich op de grond wierp. De meester vroeg: 'Waarom heb je een wierookstokje aangestoken?' Hij zag wel wat er aan de hand was, maar wilde de diepte van Dogens inzicht testen. 'Ik heb het wegvallen van lichaam en geest ervaren,' zei Dogen. Ju-ching zag dat Dogens verlichting echt was. 'Je hebt inderdaad lichaam en geest laten wegvallen,' zei hij. Omdat hij gewend was aan felle uitdaging, was Dogen verbaasd en protesteerde: 'U moet me niet zo gemakkelijk sanctioneren.' 'Ik sanctioneer je helemaal niet gemakkelijk.' Nog steeds in de war drong Dogen aan. 'Lichaam en geest vielen weg,' antwoordde Ju-ching. Dogen was meteen gerustgesteld en wierp zich opnieuw op de grond voor zijn meester als een diepgaand gebaar van eerbied en dankbaarheid. 'Zo valt het wegvallen weg,' voegde Ju-ching eraan toe.[33]

Bij zijn terugkeer in Japan werd Dogen gevraagd met wat voor inzicht hij was teruggekomen. 'Ik ben met lege handen teruggekomen,' was zijn antwoord. Hij had geen nieuwe geschriften of boeddhistische rituelen uit China meegenomen, maar de helderheid van lege handen. In Kyoto zette Dogen een eigen meditatiehal op en zo ontstond de Sotoschool. Aan zijn studenten onderwees hij het samenvallen van doel en middel in *shikantaza*, 'niets dan zitten'. Het zitten met de juiste lichaamshouding en de juiste geesteshouding vormt de perfecte uitdrukking van verlichting. Met gekruiste benen, rechte rug en handen in de schoot, laat je je blik rusten op de lege muur voor je. Met je geest volg je de ademhaling. Eerst tel je van één tot tien en weer terug, totdat je dergelijke steuntjes niet meer nodig hebt, omdat je minder afgeleid bent.

> Als we zazen beoefenen volgt onze geest altijd onze ademhaling. Wanneer we inademen, komt de lucht naar binnen in de innerlijke wereld. Als we uitademen, gaat de lucht naar de buitenwereld. De innerlijke wereld is grenzeloos, en de buitenwereld is ook grenzeloos. We zeggen 'innerlijke' en 'buiten-wereld', maar in feite is er maar één wereld. In deze grenzeloze wereld is onze keel als een zwaaideur. De lucht komt binnen en gaat eruit als iemand die een zwaaideur doorgaat. Als je denkt: 'ik adem', is dat 'ik' te veel. Je hoeft geen 'ik' te zeggen. Wat wij 'ik' noemen, is niet anders dan een zwaaideur die beweegt als we inademen en als we uitademen. Hij beweegt alleen; dat is alles. Als je geest rustig en zuiver genoeg is om deze beweging te volgen, is er niets: geen 'ik', geen wereld, geen geest noch lichaam; alleen een zwaaideur.[34]

Het bewustzijn van de beweging van de adem is niet het bewustzijn van het kleine 'ik', maar van de boeddhanatuur. Als iets bestaat heeft het zijn eigen ware natuur, zijn boeddhanatuur. Dogen begreep Boeddha's uitspraak in de *Paranirvanasoetra* 'Alle wezens hebben boeddhanatuur' als 'alle wezens zijn boeddhanatuur'. Er is een wezenlijk verschil. Als je zegt: 'Alles *heeft* boeddhanatuur', betekent het dat boeddhanatuur in elk bestaan is, dus zijn boeddhanatuur en elk bestaan verschillend. Maar als je zegt: 'Alles *is* boeddhanatuur', betekent het dat alles boeddhanatuur zélf is. Als er geen boeddhanatuur is, is er helemaal niets. Iets zonder boeddhanatuur is alleen maar een begoocheling. Het kan bestaan in je geest, maar in feite bestaan dergelijke dingen niet.

> Een menselijk wezen te zijn is daarom een boeddha te zijn. Boeddhanatuur is gewoon een andere naam voor menselijke natuur, onze ware menselijke natuur. Daarom, ook al doe je niets, toch doe je in feite iets. Je geeft uitdrukking aan jezelf. Je geeft uitdrukking aan je ware natuur. Je ogen drukken uit; je stem drukt uit; je gedrag drukt uit. Het belangrijkste is je ware natuur uit te drukken op de meest eenvoudige, meest eigenlijke manier en het te waarderen in het kleinste bestaan.[35]

Terwijl je zo doorgaat met beoefenen met een diep vertrouwen in je oorspronkelijke natuur, vindt uiteindelijk de ware natuur zichzelf weer terug. Naast de Rinzaischool van de plotselinge verlichting, ontstond zo de Sotoschool van de geleidelijke verlichting. Bij alle twee gaat het uiteindelijk natuurlijk om hetzelfde.

Zen en de kunsten

De onverzettelijke Zengeest heeft grote invloed gehad op de oosterse krijgskunsten. Het spontaan handelen met een lege geest, wakker en voorbereid op alles, zonder angst of twijfel vormt het spirituele element in de oosterse krijgskunsten, zoals het *shaolin*-boksen, *kendo*, boogschieten, en de weg van de samoerai. Wie de pijl kan schieten wanneer hij één is met het doel kan niet meer missen. Dogen vergeleek de vastbesloten vredige geest met die van de ontspannen, intense waakzaamheid van een zwaardvechter. Oog in oog met de dood worden we gedwongen wakker en alert te zijn. Een gedachte in een gevecht kan een groter vijand zijn dan een krachtig tegenstander. Wie boos is, verraadt zichzelf. Iedere afleiding maakt kwetsbaar. Wie zich in de ander kan verplaatsen, weet wanneer deze wil aanvallen en is altijd sneller. De grootste krijger hoeft zijn zwaard niet eens te trekken, zijn vredige aanwezigheid pacificeert de meest woeste tegenstander. Uiteindelijk gaat het gevecht om de overwinning op de eigen geest.

Naast vechtsporten heeft de spontane Zengeest enorme invloed gehad op de kunsten. In *haiku*-poëzie wordt in drie regels met een metrum van 5-7-5 inzicht uitgedrukt in beelden van hartverscheurende eenvoud, waarin vaak thema's als vergankelijkheid en de jaargetijden zijn verwerkt. Zoals in deze van de grote dichter Buson:

Boven op het dak
Ligt een natte kinderbal
In lenteregen.

Haiku is doorspeent van Zen. De keizer der haikudichters, Matsuo Basho (1644-1694), schrijft in zijn geschriften:

> Haiku zonder air van onvermijdelijkheid is geen haiku. Haiku moet op natuurlijke wijze oprijzen uit het onderwerp; anders worden object en opmerker twee; en het gevoel van het object kan niet worden gerealiseerd door de opmerker, omdat zijn zelf ertussen komt. De mens moet opgaan in het object, tot de innerlijke natuur daarvan duidelijk wordt. Haiku heeft tot doel het tot zijn recht laten komen van de gewone spreektaal en algemene uitdrukkingen. Geen onderwerp is ongeschikt voor haiku; wat ieder uitkiest uit het tafereel dat hij ziet, dát is de betekenis van de ervaring die hij ondergaat.[36]

Basho kreeg een keer bezoek van zijn Zenleraar Butcho, een man van grote wijsheid en diens leerling Sampu. De laatste, vooruitlopend, vroeg Basho: 'Hoe is de boeddhistische wet in deze kalme tuin met zijn gras en zijn bomen?' Basho antwoordde: 'Grote bladeren zijn groot, kleine bladeren zijn klein.' Butcho kwam toen en zei: 'Welk inzicht heb je sinds kort bereikt?' Basho antwoordde: 'Na de regen is het groene mos fris.' Waarop Butcho vroeg: 'Wat was deze boeddhistische wet voordat het mos begon te groeien?' Op dat moment hoorde Basho een kikker in het water springen en riep uit: 'Een kikker springt van de kant, geluid van water.' Butcho prees het antwoord en Sampu, die Basho eerbiedig geluk wenste, vroeg hem nu ook de eerste regel van de haiku in te vullen. Basho wilde eerst suggesties van zijn leerlingen horen. Sampu zei: 'De avondschemer', en Kikaku: 'De berg rijst op!' Dit waren goede pogingen, maar allen waren met ontzag vervuld toen ze de eerste regel hoorde, die Basho, tegen de gewoonte in, dit keer zelf maakte:

O, oude vijver!
Een kikker springt van de kant
Geluid van water.[37]

Basho drukte met deze beroemde haiku volkomen de verlichtingservaring van dat moment uit. Alleen in het heden kan men de realiteit ervaren. Een ander moment is er niet: het verleden is voor altijd voorbij, de toekomst zal nooit komen.

Het volkomen gewaarzijn van het huidige moment en het vol aandacht in alle eenvoud handelen komt ook tot uitdrukking in de theeceremonie, het bloemschikken of in de kalligrafie, waarbij het penseel is als een zwaard en de staat van geest van de kalligraaf wordt afgelezen aan de wijze waarop hij zijn karakters heeft getekend. Het kenmerkende zwart op wit is als het spel van vorm en leegte, waarbij leegte vorm is en vorm leegte. Dit is ook te zien in de rotstuinen van de tempels van Kyoto, waar in golven geharkte steentjes rond rotsblokken dienen ter inspiratie van het zitten in zazen. In de shakuhachimuziek komt dit tot uitdrukking doordat stilte niet alleen wordt geaccentueerd, maar in feite gearticuleerd. Stilte wordt hoorbaar door klank. De dualiteit tussen geluid en stilte wordt door het spel van de bamboefluit opgeheven.

Het pad van de shakuhachispeler heet *Suizen*, 'Zen blazen'. In plaats van mediteren en soetra's bestuderen speelden deze *komusô*, 'monniken van leegte', shakuhachi. Zij trokken door het land met een mand als een bijenkorf over het hoofd ten teken van onthechting. De shakuhachispeler zit op zijn knieën gehurkt met een rechte rug, zodat hij net als bij de zitmeditatie vrij en diep vanuit de aarde kan ademen. Het lichaam wordt helemaal stil gehouden, alleen het diafragma beweegt. Het blazen van lucht is dan als de wind die door het lichaam waait, zonder obstructie. Ook de toonstructuur van de klassieke melodieën met evocatieve namen als 'Het nestelen van de kraanvogels', 'De gang over de berg', of 'Sublieme staat van geest' en de specifieke klank van de shakuhachi maken het fluitspel tot een meditatievorm. Terwijl in westerse muziek toonhoogte, dynamiek en ritme een belangrijke rol spelen, is in komusômuziek het element van timing, *ma*; de wisselwerking tussen stilte en dynamiek, heel belangrijk. De hedendaagse shakuhachmeester Akikazu Nakamura zegt:

Ons denken volgt in een behoefte aan entertainment toonhoogte, ritme en melodie, maar wanneer slechts één toon gespeeld wordt, opent zich een weidse ruimte waarin boventonen hoorbaar worden. In complexe muziek kunnen we deze niet herkennen, maar in één toon herkend iedereen ze, bewust of onbewust. Door het blazen van gesloten en open tonen, opent en sluit zich de ruimte. Wanneer slechts één toon geblazen wordt, betekent een kleine verandering in timbre al een grote verandering in de boventonen. Op dat moment betreden we de lege ruimte: onze zintuigen worden geopend. Wanneer we veel denken zijn de deuren van onze waarneming gesloten. Maar door meditatie op één toon gaan de deuren open en zien we een andere wereld. Dát wordt verlichting (*satori*) in één toon genoemd.[38]

8 Vajrayana: training in zuivere waarneming

Alle levende wezens zijn in essentie boeddha's,
Ze zijn alleen tijdelijk verduisterd.
Wanneer de verduisteringen zijn gereinigd,
Wordt hun boeddhaschap geopenbaard.[39]

De parabel van de giftige plant

In het Tibetaanse boeddhisme worden de verschillende visies van de diverse voertuigen op het boeddhistische pad gezien als een progressie naar een steeds hoger en zuiverder niveau van perceptie. In de oudste Tibetaanse stroming de *Nyingma*, die ontstond toen het boeddhisme midden achtste eeuw in Tibet arriveerde, wordt dit geïllustreerd in de parabel van de giftige plant. De verschillende wijzen van omgaan met deze giftige plant, die onze verstorende emoties symboliseert, karakteriseert de diverse voertuigen.

In het hinayana, het basisvoertuig, wordt de giftige plant tot verboden gebied verklaard. Er wordt een hek omheen geplaatst en een bord met een rode rand en de woorden: GEVAAR! Deze houding vertegenwoordigt het inzicht dat negatieve emoties leiden tot negatieve handelingen, die leiden tot negatief karma, dat leidt tot meer negatieve emoties in een spiraal van lijden. Om deze vicieuze cirkel te doorbreken is het beste wat je kunt doen je verre van de giftige plant te houden. Daarom word je voor je eigen bestwil en dat van anderen geadviseerd allerlei zinnige leefregels in acht te nemen zoals: 'Begeer niets wat je niet hebt' en: 'Word nooit boos'. Dit is de houding van onthechting en verzaking.

In het mahayana wordt een ruimere visie aangemeten. Hier zegt men dat de giftige plant in werkelijkheid niet bestaat en dat de eter van de plant ook niet echt bestaat. Ze zijn allebei leeg van inherent bestaan. Hoe kan leegte schade toebrengen aan leegte? Dit is de moedige houding van de bodhisattva en is als het omhakken van de giftige plant en het bestrooien van de wortels met gloeiende as zodat hij nooit meer kan teruggroeien en verwarring zaaien. Daarom kan het hek en het waarschuwingsbord weggehaald worden. Dit is de houding van purificatie door het hebben van het zicht van shunyata. Niets zuivert karma zo als het inzicht dat het in essentie een illusie is die slechts relatief bestaat.

Dan komt een groep dokters bij de plant. Zij zien de potentieel schadelijke kwaliteit van het gif, maar ze zien ook dat de plant niet inherent bestaat. In plaats van de plant om te hakken zien ze dat als op een vaardige wijze gebruik wordt gemaakt van het gif het een krachtig geneesmiddel kan zijn. Dit is de houding van transformatie van het vajrayana, waarbij iedere ervaring, goed of slecht, getransformeerd kan worden tot een deur naar bevrijding.

Tot slot komt een pauw bij de plant die de giftige bessen onmiddellijk opeet en hoe meer hij eet des te mooier wordt zijn verenpracht. Dit symboliseert de Dzogchen-yogi. *Dzogchen*, 'de grote perfectie' is de ultieme visie van de Nyingmaschool van het Tibetaans boeddhisme. Waar alle andere paden ophouden, begint Dzogchen. Het is volkomen voorbij de gewone dualistische geest. Dit is de houding van zelfbevrijding van gedachten en emoties. Omdat het zicht van niet-grijpen gerealiseerd is, is er geen onderscheid tussen zuiver en niet-zuiver, gif of geneesmiddel. Alles is perfect zoals het is, onveranderd, zonder obstructie of manipulatie.

Wortels van het vajrayana

Veel mensen denken dat vajrayanaboeddhisme, het 'diamanten voertuig', een Tibetaanse inventie is, maar dit is niet zo. De wortels van het vajrayanaboeddhisme liggen wel degelijk in India. Niet alleen dat, in essentie is vajrayana een onderdeel van het mahayana. Voor het beoefenen van het vajrayana is een stevige basis in het mahayana dan ook noodzakelijk. Naast het mahayana is het vajrayana ook gebaseerd op de traditie van een groep teksten genaamd *Tantra's*, daarom wordt het ook wel Tantrayana genoemd. Tantra betekent 'web', 'continuïteit', en verwijst zowel naar het wederzijds afhankelijk ontstaan van verschijnselen als naar de continuïteit van bewustzijn. Daarom wordt soms wel gesproken over soetra-mahayana en tantra-mahayana.

In het vajrayanaonderricht wordt gezegd dat Boeddha Shakyamuni het tantrische onderricht in het geheim gegeven heeft. Er kwam eens een koning bij de Boeddha, die zei: 'Ik wil je onderricht wel volgen, maar ik heb geen zin om mijn paleizen en vrouwen op te geven. Is er een pad voor mij?' De Boeddha zag onmiddellijk dat deze man bijzonder spiritueel begaafd was en rijp was voor een bijzonder onderricht. Hij stuurde daarom al zijn leerlingen weg en manifesteerde zich in een buitengewone vorm als *Vajradhara*. In die vorm opende hij de *mandala* van het tantrische onderricht en initieerde de koning in de geheimen van het mantravajrayana.

Terwijl het basisvoertuig van het hinayana een pad is dat vele levens duurt voor het naar nirvana leidt, en van het mahayana wordt gezegd dat slechts enkele levens voldoende zijn om volkomen realisatie van shunyata te verwerven, wordt van het vajrayana gezegd dat het verlichting in één enkel leven kan brengen. Dit komt door de buitengewone hoeveelheid vaardige middelen die de beoefenaar ter beschikking staan om gedachten en emoties te transformeren. In principe wordt daarbij niets afgewezen als middel om inzicht te verwerven, zolang het anderen maar niet schaadt.

Dit is het steile pad. Het pad van hoge energie en sterke kracht. 'Vajra' betekent donderschicht. Het verwijst naar de onverwoestbaarheid van de leegte en de geestelijke energie die vrijkomt als men het ego loslaat. De vajra heeft de vorm van de scepter van Indra, koning der Indiase goden. Wie de vajra draagt, het inzicht in shunyata heeft, regeert over het universum. Het korte pad is altijd het meest risicovolle pad. Hierbij wordt choquerend gedrag en het doorbreken van taboes niet uit de weg gegaan om het conceptuele denken te ontmaskeren en tot inzicht in de ware natuur van de geest te komen. Daarom moet men het vajrayanapad alleen onder persoonlijke begeleiding van een erkend meester in de overdrachtslijn betreden.

Naast het mahayana en de tantra's is het vajrayana beïnvloed door een groep van 'dwaze wijzen', *mahasiddha's* genoemd. In het India van de vijfde tot en met de achtste eeuw bevonden zich in de periferie van de samenleving groepen yogi's die geïnvolveerd waren in allerlei soorten beoefening om inzichten en magische krachten te verwerven. Tantra was van oorsprong mogelijk een aparte religieuze stroming die naast boeddhisme, hindoeïsme, jaïnisme en de tribale vormen van animisme beoefend werd en zich in de loop der tijd met al deze religies vermengd heeft. De tantrabeoefenaars, *siddha's*, staan bekend om hun onorthodoxe levenswijze. De zwervende yogi's kwamen elkaar tegen op heilige plaatsen, die vaak aan verschillende tradities toebehoren, en op crematiegronden en grafplaatsen. Deze plekken zijn voor boeddhisten aantrekkelijk om over de vergankelijkheid te mediteren, voor andere tradities om juist over het eeuwige leven na te denken of in contact met geesten te treden, of een plek om met rust gelaten te worden en je rituelen te doen. Gewone mensen komen er niet, het zijn plaatsen van spirituele kracht.

In hun streven voorbij de tegenstellingen tussen goed en kwaad te gaan overtraden de *tantrika's* bewust allerlei taboes. Dit heeft hun een slechte naam bezorgd bij het establishment. We kunnen niet generaliseren, maar we kunnen wel zeggen dat het een mengelmoes van heilige hedonisten en oprechte beoefenaars moet zijn geweest. Er wordt in India gesproken over linker- of rechterhandtantra, hetgeen zoveel wil zeggen dat tantra van de rechterhand vertrouwd kan worden en tantra van de linkerhand niet. Een paar jaar geleden op een reis door India werd me nog gewezen op een hindoetantrika die 'not good' was, omdat hij 'too much left hand' was. Bij hen vermoedt men de wens *siddhi's* (magische verworvenheden) te verwerven met zelfzuchtige motieven. Een andere manier om dit onderscheid aan te duiden is dat in het geval van de 'rechterhand' bepaalde transgressies van de algemene normen, zoals seksuele gemeenschap en alcohol drinken voor de monniken of het gebruik van zaad en bloed als rituele substanties, als symbolisch worden beschouwd. In het geval van de 'linkerhand' wordt dit allemaal letterlijk genomen. Het spanningsveld tussen de 'wilde' en de monastieke tak van tantra kenmerkt de ontwikkelingsgeschiedenis van het vajrayana.

Net als in het hindoeïsme vond in het mahayanaboeddhisme een vermenging plaats met de filosofie en rituele technieken die in de tantra's beschreven worden. De tantra's worden soms beschouwd als een vierde pitaka (verzameling), naast de vinaya, soetra en abhidharma. Het is een groep teksten van mysterieuze oorsprong die zonder inwijding in de beoefening en uitleg van een meester eigenlijk niet te begrijpen zijn. Men zegt dat een tantra direct in de taal van die boeddha gesteld is, die zich in het centrum van de mandala van godheden van de desbetreffende tantra bevindt. Deze praktijken vonden hun weg naar grote Indiase kloosters als Nalanda en zo ontstond een esoterische vorm van boeddhisme, die in de achtste eeuw naar Tibet werd gebracht. Daar is het vajrayana tot grote bloei gekomen.

Tibetaans boeddhistische scholen

In Tibet deed het boeddhisme voor het eerst zijn intrede gedurende de regering van koning Songtsen Gampo (609-649). Hij had een Nepalese en een Chinese vrouw die allebei een beeld van de Boeddha hadden meegenomen. Serieuzer werd het gedurende de periode van koning Trisong Detsen (742-797). Toen zich problemen voordeden met het bouwen van Samye, het eerste boeddhistische klooster van Tibet, adviseerde de aanwezige Indiase *khenpo* Shantarakshita de koning om de hulp in te schakelen van een Indiase mahasiddha genaamd Padmasambhava. Padmasambhava onderwierp de demonen van de oorspronkelijke Bönreligie van Tibet en maakte ze tot beschermers van de dharma. Dit leidde de eerste bloeiperiode van het boeddhisme in Tibet in. Het Tibetaanse schrift werd ontwikkeld speciaal om boeddhistische teksten uit het Sanskriet te kunnen vertalen.

Trisong Detsen organiseerde een groot debat tussen vertegenwoordigers van de Indiase traditie en de Chinese Ch'anschool. Kamalashila, een leerling van Shantarakshita kwam om met Hwa Shang te debatteren. Deze laatste verdedigde de positie dat deugdzame en negatieve gedachten allebei het heldere zien belemmeren, gelijk witte en zwarte wolken allebei de hemel bedekken. Hwa Shang zei dat het hoofdpunt daarom was helemaal geen gedachten te hebben. Dit standpunt van de plotselinge verlichting stond tegenover het standpunt van de graduele verlichting: de natuur van de geest is weliswaar absoluut en waar alles om draait, maar mensen zitten in relatieve verwarring opgesloten en komen daar slechts stapje voor stapje uit. Padmasambhava drukte dit samenkomen van het absolute en relatieve zo uit: 'Al is mijn zicht ruimtelijker dan de hemel, mijn aandacht voor handelingen en hun effect is fijner dan een meelkorrel.' Hoewel bronnen verschillen over wie er gewonnen zou hebben, blijkt uit de geschiedenis dat de Tibetanen met de Indiase versie van het boeddhisme zijn verdergegaan. Na de komst van Padmasambhava en de Nyingma ('de ouden') was er weer een periode van verval van de dharma in Tibet.

Pas in de elfde eeuw ontstonden met de komst van Atisha (982-1054) de nieuwe vertaalscholen. Atisha stichtte de *Kadampa's*, beroemd om het onderricht in het trainen van de geest in compassie (*Lojong*). De Kagyüschool van de bekende yogi Milarepa gaat via Marpa terug naar Naropa en de mahasiddha Tilopa in India. Heel bijzonder is dat de Karmapa, de leider van een speciale tak, de *Karma-Kagyü*, de eerste was die aanwijzingen gaf waar hij opnieuw geboren zou worden. Zo ontstond de lijn der Karmapa's. Onlangs nog, in 2000, is de in 1983 geboren zeventiende Karmapa in het geheim vanuit het door China bezette Tibet naar India gevlucht om daar zijn opleiding te kunnen voortzetten. Het systeem van veelal abten van kloosters die worden herboren, en die *tulku* (Tibetaans voor nirmanakaya) worden genoemd, is door de andere scholen overgenomen. In het Westen zijn de Dalai Lama's de bekendste incarnatielijn, maar van oorsprong komt dit principe van de Karmapa, die nog steeds aan het einde van ieder leven een brief met precieze details over zijn volgende geboorte achterlaat.

Opmerkelijk bij de *Sakyaschool* is dat de overdrachtslijn in tegenstelling tot de andere Tibetaanse scholen via een bloedlijn loopt. De Sakyaschool kreeg grote politieke macht door een bondgenootschap met de Mongolen, gedurende de Yuandynastie in de tweede helft van de dertiende eeuw. Koeblai Khan was zo onder de indruk van de spirituele krachten van Sakya Pandita dat hij de hofsjamaan wegstuurde en een priester-patroonrelatie met de Tibetaanse lama aanging. Dit is van grote invloed geweest op de Tibetaanse geschiedenis.

In de vijftiende eeuw stichtte de hervormer Tsong Khapa (1357-1419) de *Gelugpa* ('deugdzamen'), die voortkomt uit de Kadampaschool. Zijn leerling zou later de eerste Dalai Lama worden. De titel *Dalai Lama* (Mongools voor 'Oceaan van Wijsheid') werd pas aan de derde Dalai Lama gegeven en de leerling van Tsong Khapa kreeg hem dus met terugwerkende kracht. Opnieuw ontstond een krachtige samenwerking tussen de Mongoolse krijgers en Tibetaanse lama's, ditmaal van de Gelugpaschool. Tot de komst van de Chinezen in de vijftiger jaren van de vorige eeuw zou de Gelugpa de grootste Tibetaanse boeddhistische traditie vormen. Enorme kloosters werden gesticht in Ganden, Drepung, en Shigatse met tienduizenden monniken. Dit waren kleine kloosterstadjes en centra van cultuur, studie, debat, kunst en beoefening. In de Gelugpaschool is de studie van de oude Indiase geschriften en Tibetaanse commentaren erg belangrijk. Het vereist wel eenentwintig jaar intensieve studie om de graad van *geshe* te behalen. Met de komst van de Chinezen hebben een miljoen Tibetanen het leven gelaten en zijn slechts enkele van de 6300 kloosters vernietiging bespaard gebleven. Onder leiding van de huidige veertiende Dalai Lama wordt in ballingschap geprobeerd de Tibetaanse dharmacultuur in stand te houden. Veel kloosters in India zijn dependances van de oorspronkelijke kloosters in Tibet. Ook in Tibet zelf ontstaat onder het wantrouwend oog van de Chinese autoriteiten de laatste jaren schoorvoetend weer iets meer ruimte om dharma te beoefenen.

Voorbereidende oefeningen

Alle vier de Tibetaans boeddhistische scholen beoefenen het vajrayana. Voordat met de uitvoerige rituelen begonnen kan worden, gaat de aspirant door een aantal voorbereidende oefeningen. In de Kagyü- en Nyingmatraditie heet dit de *ngöndro*, een serie van vijf sets van oefeningen die allemaal honderdduizend keer gedaan moeten worden. Er wordt wel gezegd dat wanneer de beoefenaar dit gedaan heeft hij of zij een kans heeft op het moment van sterven het heldere licht van de geest te herkennen als de ware natuur van zijn geest. In die herkenning vindt bevrijding plaats van de cyclus van dood en wedergeboorte, en dus verlichting in één leven op het moment van de fysieke dood. Bij het doen van de voorbereidende oefeningen voor tantra gaat het niet om het aantal van honderdduizend, maar om door een geestelijk proces van zuivering te gaan, dat de geest prepareert voor herkenning van zijn eigen natuur. De stadia die doorlopen worden zijn de stadia van de verschillende voertuigen.

Contemplatie over de Vier Gedachten

Om te beginnen wordt dagelijks gereflecteerd over de 'vier gedachten die de geest naar de dharma keren'. Een dergelijke contemplatie is belangrijk om grove verduisteringen van de geest op te helderen en prioriteiten te leren stellen wat belangrijk is in het leven. De eerste reflectie gaat over de *kostbare menselijke geboorte*, moeilijk te vinden en makkelijk te verliezen. In de boeddhistische visie is het niet vanzelfsprekend om als mens geboren te worden, tegelijkertijd wordt het ook als de meest gunstige geboorte gezien als opstap naar ontwaking. Mensen worden niet zo overmand door pijn en haat als in de hellewereld en ook niet zo afgeleid door genot als in de godenwereld, waar de noodzaak tot dharmabeoefening niet gevoeld wordt, totdat het te laat is en het karma is uitgewerkt en men in een lagere wereld herboren wordt. Mensen hebben intelligentie en keuzevrijheid, ze kunnen hun gedrag beïnvloeden. Bovendien verkeert de beoefenaar in de gunstige omstandigheid dat hij de dharma en een leraar heeft ontmoet en nu de boeddhanatuur kan realiseren door dharma te beoefenen. Realisatie van deze gunstige omstandigheden geven een gevoel van appreciatie. De reflectie draait nu rond de vraag: Ik heb een menselijk leven, hoe ga ik zo zinvol mogelijk van deze goede gelegenheid gebruikmaken? Zoek ik onmiddellijke gratificatie van mijn lusten of heb ik oog voor de lange termijn? De boeddhist zal de onzekerheid van een volgende geboorte als leidraad nemen om verdienste te verzamelen en dharma te beoefenen.

De tweede reflectie betreft de *vergankelijkheid* van al het leven en de onzekerheid over het moment van de dood. De Boeddha zei: 'Van alle voetstappen is die van de olifant het grootste. Van alle contemplaties is die over de vergankelijkheid het meest diepzinnig.' Wanneer we de dingen analyseren en zien dat alles vergankelijk is, realiseren we dat het zinloos is om dingen vast te houden of ernaar te grijpen. Ze vergaan toch weer. Daarom kunnen we rustig loslaten, ook vervelende dingen gaan weer voorbij. Alles verkeert in een constante staat van verandering. Niets bestaat op zichzelf. Alles is met alles verbonden. Ook wij zijn vergankelijk en wanneer we onze geest onderzoeken, kunnen we geen essentie vinden die permanent is. De dood is een spiegel en toont ons ware gelaat. Onzekerheid over het tijdstip ervan roept een gevoel van urgentie op.

De derde reflectie betreft *karma*. Omdat alles met alles verbonden is, zijn ook wij met alles verbonden. Wij staan aan de invloeden van onze omgeving bloot en ons handelen heeft effect op de wereld. Zo wordt karma geschapen. Omdat we afhankelijk zijn van de relatieve wereld en de wezens die erin leven, zijn we niet alleen verantwoordelijk voor onszelf, maar hebben we een universele verantwoordelijkheid. Voor de aard van het karmische effect van ons handelen is de motivatie waarmee we handelen doorslaggevend. Daarom zegt de Dalai Lama vaak: 'In de ochtend; controleer je motivatie' (en zonodig corrigeer je intentie). 'In de avond; zie hoe je gehandeld hebt' (en draag de verdienste ervan op).

De vierde reflectie is op het lijden in *samsara*. Hier nemen we onze gewoontepatronen onder de loep, want het zijn vaak de gewoonten die wezens gevangen houden in samsara en een vicieuze cirkel van lijden teweegbrengen. Wat voor gewoonten heb je die je in een kringetje rond doen gaan? Gewoontepatronen zijn buitengewoon lastig te doorbreken. Wanneer het toch lukt, schenkt deze onthechting een gevoel van groot vertrouwen.

Het nemen van toevlucht

Reflectie op deze Vier Gedachten dient als voorbereiding om de geest naar de dharma te keren en toevlucht te nemen. Daartoe wordt de leraar als representant van de Boeddha en alle leraren van de overdrachtslijn in de ruimte voor je gevisualiseerd. Naast je zijn je vader en je moeder. Achter je vrienden en bekenden, en voor je – op de ereplaats – je vijanden. Daaromheen zijn alle levende wezens, allen met de handen voor hun borst gevouwen. Je stelt je voor dat zij net als jijzelf vol devotie toevlucht nemen tot de Lama, Boeddha, Dharma en Sangha. De beoefenaar maakt hierbij volledige neerbuigingen, honderdduizendmaal, terwijl hij de toevluchtsformule reciteert. De neerbuigingen zijn een buitengewone oefening waarbij de aspirant met zijn trots en weerstand werkt en overgave leert. In Tibet leggen pelgrims soms duizenden kilometers af, terwijl ze neerbuigingen maken. Dit brengt grote verdienste, en, hoe ruiger de bodem, des te meer verdienste. Aan het eind van de beoefening straalt de toevlucht licht uit naar alle wezens die ermee gevuld worden en krijgen wat ze maar nodig hebben. In één klap vliegt iedereen op en versmelt met de toevlucht. Deze lost dan op, van buiten naar binnen, zoals adem op een spiegel. Dan zit de beoefenaar in meditatie en rust in de wetenschap dat hij en de toevlucht niet gescheiden zijn, nooit gescheiden waren en nooit gescheiden zullen zijn. Die herkenning is de absolute toevlucht.

Het opwekken van bodhicitta

In alle beoefening van het tantrische pad en ook bij de voorbereidende oefeningen wordt eerst begonnen met toevlucht nemen, hetgeen de beoefening een boeddhistische beoefening maakt. Vervolgens wordt bodhicitta opgewekt door de bodhisattvagelofte af te leggen. In de populaire *terma* van Jikmé Lingpa (1729-1798), de *Longchen Nyingtik Ngöndro*, gebeurt dit met de woorden:

> Ho: Begoocheld door de grote verscheidenheid aan waarnemingen,
> die zijn als de illusoire reflectie van de maan in water,
> dwalen voelende wezens eindeloos rond
> in de vicieuze cirkel van samsara.
> Opdat zij rust en diepe vrede moge vinden
> in de lumineuze helderheid en allesdoordringende ruimte
> van de ware natuur van hun geest,

genereer ik de onmetelijke liefde, onmetelijke compassie,
onmetelijke vreugde en onmetelijke gelijkmoedigheid
van de ontwaakte geest; het hart van bodhicitta.

Eerst wordt mededogen opgewekt door vast te stellen hoe wezens verstrikt zitten in hun illusoire waarneming van de wereld. Dan wordt de absolute natuur van de geest beschreven als de eenheid van leegte; het inzicht van de tweede draai van het wiel van de leer, en de lumineuze helderheid; het inzicht van de derde draai. De wens wordt uitsproken dat voelende wezens vrede vinden door hun natuur te realiseren. Hiertoe worden dan de Vier Onmetelijkheden gecultiveerd. Telkens weer wordt deze gelofte herhaald totdat de geest spontaan uit bodhicitta handelt. De Dalai Lama stelt dat zonder mededogen de meditaties en visualisaties uit het vajrayana enkel spookgestalten zouden scheppen en het ego voeden.

Vajrasattva

Na de contemplatie op de vier gedachten die de geest naar de dharma keren, het nemen van toevlucht en het opwekken van bodhicitta is men gereed voor het vajrayana. Hiertoe wordt in de voorbereidende oefeningen eerst de Vajrasattva-purificatie gepraktiseerd. Dit is een complexe visualisatieoefening waaraan grote zuiverende en genezende werking wordt toegeschreven. Deze hangt af van de Vier Krachten waardoor karma gereinigd wordt.

De *kracht van het object* is de aanwezigheid van de boeddhavorm van Vajrasattva. Toen hij nog een bodhisattva was legde hij de gelofte af dat wanneer hij boeddhaschap zou bereiken iedereen die zijn naam zou reciteren gezuiverd zou worden van al zijn negatieve karma. In de beoefening wordt de leraar in de vorm van Vajrasattva, de belichaming van de oorspronkelijke zuiverheid van de geest, boven het hoofd gevisualiseerd. Vajrasattva is in sambhogakayavorm, met een lichaam niet van vlees en bloed, maar als een regenboog. Hij ziet eruit als een prachtig stralende, jonge Indiase prins en is in sommige gevallen in omhelzing met zijn vrouwelijke partner.

De tweede kracht is het betuigen van *oprechte spijt* over alle schadelijke handelingen die men verricht heeft. Zelfs al bedoelde je het niet zo, je hebt ongetwijfeld in al je levens ontelbare wezens gekwetst. Dat gaat heel gemakkelijk en zonder moeite. Dat kennen we allemaal wel. Hier betuig je oprecht spijt en Vajrasattva, de belichaming van de zuiverheid van de natuur van de geest, schenkt vergeving.

De derde kracht komt eigenlijk pas aan het einde van de beoefening, maar is fundamenteel. Dit is de kracht van het *vastberaden besluit* van nu af aan anders te gaan handelen, wat er ook gebeurt.

De vierde kracht is de *kracht van de methode, het tegengif*. In dit geval is dat een stroom nectar die op gang gebracht wordt door de recitatie van de mantra van Vajrasattva. De definitie van *mantra* is 'dat wat de geest beschermt', dat wat de geest beschermt tegen zichzelf, tegen zijn eigen negativiteit. Mantra is niet zomaar het herhalen van een willekeurige zin, zoals men tegenwoordig in het populaire taalgebruik wel eens wil doen voorkomen. Er bestaan verschillende mantra's voor verschillende doeleinden. Mantra's om boeddha's op te roepen, mantra's om hun essentie in het eigen innerlijk te realiseren, mantra's om de activiteit van die boeddha's te bewerkstelligen en zo meer. In het geval van de Vajrasattva-reiniging wordt een honderd-lettergrepenmantra gereciteerd die een nectarstroom, die is als het vloeibare licht van bodhicitta, vanuit Vajrasattva door de kruin van je hoofd je lichaam in doet stromen en alle subtiele yogische kanalen, die een verbinding vormen tussen lichaam en geest, en alle *chakra's*, energetische knelpunten, opent en zuivert. Blokkades worden weggenomen en ziekten meegenomen, terwijl de nectar wegstroomt de aarde in. De beoefenaar herkent dan zijn eigen zuivere natuur in dat hij niet verschilt van Vajrasattva. Hij visualiseert zichzelf nu als Vajrasattva en reinigt zijn omgeving en de wezens erin met regenboogkleurig licht dat uit zijn hart straalt, terwijl hij een korte mantra zegt: '*Om Vajrasattva Hum*.' Dan lost alle visualisatie zich weer op en verblijf je in de ruimte van het gewaarzijn.

Het offeren van de mandala

Nu al het negatieve karma gereinigd is in de Vajrasattva-zuivering worden verdiensten (positief karma) verzameld door het aanbieden van de *mandala*. De mandala is een representatie van het hele universum. Het mandalaprincipe biedt een totaalvisie op de wereld waarin alle tegenstellingen tot een werkbaar geheel geïntegreerd zijn. Chögyam Trungpa Rinpoche (1940-1987) noemde het 'geordende chaos'. 'Mandala' wordt in het Tibetaans vertaald met *khyil khor* 'iets met een centrum en een periferie'. Een centrum met de vier windstreken is de meest primaire oriëntatie in de lege ruimte van het bewustzijn. Naast deze geometrische weergave kan een mandala ook verwijzen naar een groep personen, zoals een heerser en zijn gevolg. De oude Indiase koningen vormden het centrum van de mandala en hun hof was de periferie. Het tantrische mandalaprincipe is hierop gebaseerd.

Ieder mens leeft in feite in het centrum van zijn of haar eigen mandala met familie, vrienden en bekenden dicht bij de kern en degenen die men slechts zelden ontmoet aan de periferie. Op deze wijze wordt een energetisch veld uitgebeeld waarin iedereen met alles en alles met iedereen verbonden is, elkaar beïnvloedt en van elkaar afhankelijk is, het web van Tantra. Het eigen denken en handelen heeft daarin zijn weerslag op de omgeving en omgekeerd. Normaal gesproken plaatsen we onszelf in het centrum van onze wereld, maar hebben we dit niet in de gaten. Een belangrijke stap om de onwetendheid te doorbreken is te realiseren dat niet alleen wijzelf, maar dat iedereen het centrum van zijn eigen universum is. Het offeren van de mandala aan de Lama, Boeddha, Dharma en Sangha is het symbolisch offeren van ons universum waardoor het ego zijn positie in het centrum van zijn wereld verlaat om plaats te maken voor de expressie van de boeddhanatuur. Dit offeren van de *trikaya-mandala* is op materieel niveau (nirmanakayaofferande): goederen waar we aan gehecht zijn, en verdiensten. Op energetisch niveau (sambhogakayaofferande): zowel vervelende als prettige gedachten en emoties. En op spiritueel niveau (dharmakayaofferande): het offeren van inzicht in leegte.

Goeroeyoga

In het proces van de voorbereidende beoefening zijn nu prioriteiten gesteld, er is toevlucht genomen, bodhicitta opgewekt, verduisteringen zijn gezuiverd en verdiensten verzameld. De geest van de beoefenaar is daarmee geprepareerd voor de laatste fase, de *goeroeyoga*: het verenigen van de eigen geest met de wijsheidsgeest van de leraar.

In de Tibetaanse boeddhistische traditie wordt gezegd dat de vriendelijkheid van de leraar, de *lama*, nog groter is dan de vriendelijkheid van de Boeddha. Immers, de Boeddha is niet meer in levende lijve aanwezig om onderricht te geven en het gedrag van de leerling te corrigeren, maar de lama is dat wel. *Lha ma* betekent letterlijk 'niets hogers' en is de Tibetaanse vertaling van het Sanskrietwoord *goeroe*, dat 'zwaar' – van positieve kwaliteiten – betekent. Voor de overdracht van het onderricht in de vajrayanatraditie speelt de lama een cruciale rol. Hij is de sleutel.

In de Nyingmatraditie wordt het principe van de leraar belichaamd door Goeroe Padmasambhava, die door Tibetanen liefkozend *Goeroe Rinpoche*, 'kostbare goeroe' wordt genoemd. Hij wordt door hen als een tweede

Boeddha beschouwd; de belichaming van de ontwaakte staat van geest. De naam Padmasambhava betekent letterlijk 'Lotus-geborene'. Het lotusprincipe staat symbool voor het transformatieproces van verwarring in wijsheid. In het vajrayana worden verwarring en negatieve emoties niet ontkend of verworpen, maar juist als een werkbaar geheel, de ruwe grondstof van verlichte wijsheid, beschouwd. Wanneer gedachten en emoties herkend worden voor wat ze in essentie zijn, de uitstraling van de natuur van de geest, dan vormen ze geen obstakels maar juist de rijkdom van het spirituele pad. De lotus is een prachtige bloem, maar heeft zijn wortels in een modderige bodem. Op gelijke wijze groeit de verlichte wijsheidsgeest uit de modder van emotionele verwarring. De lotus symboliseert daarom dit proces van transformatie.

De legende van Padmasambhava's bovennatuurlijke geboorte verhaalt dat na het verscheiden van de Boeddha de mensen weer in twijfel geraakten. Door mededogen bewogen projecteerde Boeddha Amitabha de zaadlettergreep *Hrih* op een lotusbloem in een meer, waaruit Padmasambhava verscheen in de vorm van een achtjarig jongetje. In die hoedanigheid werd hij door de koning van Oddiyana gevonden. Verwonderd hem daar zo op de lotus in het meer te zien zitten, vroeg de koning hem:

> Kleine jongen, wie is je vader en wie is je moeder?
> Wat is je kaste en uit welk land kom je vandaan?
> Van welk voedsel leef je en wat is het doel van je komst?

Als antwoord op deze vragen zei de jongen:

> Mijn vader is de wijsheid van spontaan gewaarzijn.
> Mijn moeder is de Altijd Voortreffelijke Vrouwe, de ruimte van alle dingen.
> Ik behoor tot de kaste van onscheidbare ruimte en gewaarzijn.
> Ik heb de ongeboren dharmadimensie als mijn thuisland genomen.
> Ik voed mijzelf met het consumeren van de concepten van dualiteit.
> Mijn doel is de daad van het doden van verstorende emoties.[40]

Ieder tijdperk heeft zijn eigen boeddha en Tibetanen zien in Padmasambhava de boeddha van het huidige tijdperk, de *kali-yuga*, een tijdperk waarin de dharma in verval raakt door een sterke opkomst van materialistische, samsarische krachten. Volgens de overlevering is Padmasambhava nimmer gestorven, maar leeft hij nog steeds en verschijnt ogenblikkelijk voor iedereen die hem met devotie in het hart aanroept. Zijn belangrijke historische rol heeft mythische proporties aangenomen en zijn komst als verspreider van het vajrayana wordt in diverse soetra's en tantra's reeds door de Boeddha voorspeld. Meer nog dan een persoon met historische betekenis wordt Padmasambhava in met name de Nyingmatraditie gezien als een soort kosmisch principe; dat van de lama of de leraar.

De grote meester Jamyang Khyentse Chökyi Lödro (1896-1959) zei dat de *innerlijke lama* het actieve aspect is van je boeddhanatuur; dat aspect van je geest dat, ondanks alle verwarring waar je doorheen gegaan bent, je nooit in de steek heeft gelaten. De zetel van de innerlijke lama is het 'zachte plekje' in het hart, waar je misschien kwetsbaar lijkt te zijn, maar daardoor ook open staat voor anderen. Het is het eerlijke rauwe hart, waar pijn in mededogen getransformeerd kan worden, en de lotus uit de modder groeit. De kracht der verdiensten van de innerlijke lama brengt iemand in contact met de *uiterlijke lama*, een persoonlijke leraar. Deze treedt dan weer op als spreekbuis van de innerlijke lama, omdat hij het *dharmaonderricht* geeft. De lama is het menselijk gezicht van de waarheid. Net zoals men zijn eigen gezicht niet kan zien zonder spiegel, zo heeft men een leraar nodig om de natuur van de eigen geest (*rigpa*) te herkennen. In het gelaat van de goeroe herkent men het eigen gezicht. Wanneer de dharma gerealiseerd is, ontmoet de beoefenaar uiteindelijk de *universele leraar*. De stem van de Boeddha klinkt dan in iedere levenservaring; de bomen, de wind en de bergen worden de leraar. Het onderricht en de leraar zijn nu niet meer van de geest van de leerling gescheiden.

In de beoefening van de goeroeyoga wordt Goeroe Padmasambhava aangeroepen als belichaming van het lamaprincipe, en visualiseert men dat hij 'opnieuw' in de geest geboren wordt. De sluimerende boeddhapotentie in de geest van de beoefenaar wordt aldus wakker geroepen. *Goeroeyoga* betekent het 'verenigen van de eigen geest met de wijsheidsgeest van de goeroe'; de ontmoeting van uiterlijke en innerlijke leraar. Hoewel de goeroeyoga tot de voorbereidende oefeningen wordt beschouwd is het voor iedere tantrische beoefenaar de crux en basis van het pad.

De beoefening begint met een invocatie waarin de goeroes geboorte uit de lotus wordt bezongen. Iedere keer dat men de invocatie van Padmasambhava met devotie zingt, wordt hij als het ware opnieuw geboren vanuit de lotus van het hart, en verschijnt hij stralend helder, majestueus en vol wijsheid en mededogen in de ruimte voor je. Als hulp bij de visualisatie kan je naar een afbeelding van Goeroe Rinpoche op een *thanka* kijken, waarvan ieder detail een symbool is dat verwijst naar de tantrische leer. Het gedeelte van de in stof geklede rolschildering waarop de afbeelding is geschilderd wordt *melong* genoemd; spiegel. Bijna alle beeldende kunst van Tibet is religieus van aard en wordt onder zeer strikte voorschriften gemaakt. Zij dient ofwel als direct hulpmiddel bij visualisatie of als object van devotie om de aanwezigheid van de boeddha's en de eigen boeddhanatuur gewaar te worden. De iconografie symboliseert de kernaspecten van de leer en rituele beoefening. Zo kan bijvoorbeeld aan de lichaamshouding van Padmasambhava, zijn gezicht, kleding en de voorwerpen in zijn handen de hele essentie van het tantrische pad gelezen worden. Een ingewijde krijgt met het zien van de thanka in één oogopslag een herinnering aan deze essentie. Door middel van verinnerlijking van het beeld in de visualisatie en het oproepen van Padmasambhava's aanwezigheid in de invocatie kan dit in de goeroeyoga ook zonder uiterlijke hulpmiddelen plaatsvinden.

Door het met overgave zingen en voortdurend reciteren van Padmasambhava's mantra, *om ah hum vajra goeroe pema siddhi hum*, waarvan gezegd wordt dat het de Kostbare Goeroe in de vorm van klank is, verenigt de beoefenaar zijn eigen geest met Padmasambhava's geest, die gelijk is aan de wijsheidsgeest van de leraar. Padmasambhava is als de zon en de leraren van de Nyingmatraditie zijn als zijn stralen. Aan het einde van de beoefening verkrijgt men in een zelfbekrachtiging de zegen van lichaam, spraak en geest van Goeroe Padmasambhava doordat vanuit zijn voorhoofd, keel en hart licht uitstraalt naar voorhoofd, keel en hart van de beoefenaar. Dit vindt zijn culminatie in de realisatie dat de natuur van de eigen geest niet verschilt van Padmasambhava. De visualisatie lost op en de beoefenaar rust in de herkenning van zijn eigen natuur (*rigpa*). Het is als de ruimte in een vaas en de ruimte erbuiten. Wanneer de vaas breekt, versmelt de lucht en wordt één. Net zo, wanneer de broze muren van ego breken, verenigt de ruimte in onze geest zich met de ruimte in het universum. In essentie waren ze nooit gescheiden.

De training in zuivere waarneming

Tantra kenmerkt zich door een rijk scala aan alle mogelijke rituele vormen. Hierbij wordt gebruikgemaakt van visualisaties, handbewegingen (*mudra's*), repetitieve spreuken (mantra's), visuele diagrammen (mandala's), lichaamshoudingen, muziek en zo meer. Voor het uitvoeren van deze *sadhana's* dient men eerst een initiatie te krijgen van een daartoe geautoriseerde lama. Iedere beoefening heeft zijn eigen initiatie en tantrische geloftes, de *samaya's* van lichaam, spraak en geest, die de verbondenheid uitdrukken tussen de lama, de ingewijde en de boeddhavorm waarop gemediteerd wordt. De lama heeft lange intensieve retraites gedaan waardoor hij bij machte is initiatie in die specifieke beoefening te geven. In de initiatie leidt hij de inwijdelingen de mandala van een boeddhavorm binnen en geeft hij overdracht van de specifieke mantra's, die bij de beoefening van het tantrische ritueel (sadhana) gereciteerd dienen te worden.

De sadhana's kennen een opbouwfase (*kyerim*) waarin de visualisatie in details wordt gecreëerd. Men mediteert eerst op leegte. Wanneer gedachten opkomen, herkent men die als een natuurlijke manifestatie van de cognitieve kwaliteit van de lege geest. Gedachten verstoren de stilte niet. Hun eenheid is de manifestatie van mededogen en wordt gevisualiseerd in de vorm van een zaadlettergreep. Hieruit ontstaat de mandala van een boeddhavorm (*yidam*) waarop gemediteerd wordt. Er vinden offerandes plaats en mantrarecitatie. Aan het einde van de sadhanabeoefening lost de visualisatie van de boeddhavorm in zijn mandala weer op (*dzogrim*), en rust men in een verdiept besef van de vormeloosheid van de absolute natuur.

De yidams, die het centrum vormen van de gevisualiseerde mandala, zijn sambhogakayaboeddha's: mannelijk, vrouwelijk, man/vrouwpaar in omhelzing (*yab-yum*), vredig of toornig. Terwijl in de voorbereidende oefeningen de boeddha's in de ruimte voor je gevisualiseerd worden, is na initiatie de beoefenaar geautoriseerd om zichzelf in een boeddhavorm te visualiseren. Bijna alle boeddhavormen hebben zowel een vredig als een dynamisch of toornig aspect. Op de toornige vormen wordt gemediteerd om obstakels te verwijderen. In essentie zijn ze niet verschillend van de vredige vormen. De yab-yum, dat letterlijk gewoon 'vader-moeder' betekent, is een symbolische weergave van non-dualiteit; de eenheid van tegenstellingen, wijsheid en compassie, leegte en gelukzaligheid. Al deze vormen zijn een ondersteuning van de meditatie en dienen niet letterlijk genomen te worden.

Zo heeft een boeddhavorm misschien wel drie hoofden, vier benen en zes armen. Dit symboliseert dan de drie kaya's, vier onmetelijkheden en zes paramita's. Het gaat niet om de realisatie van vier benen, maar om wat deze representeren: de vier onmetelijkheden. De tantrische beeldentaal is dus een symbolentaal voor ingewijden.

Vanuit de gedachte dat men in feite reeds een boeddha is, en dat men op het pad is dit volledig te realiseren, wordt hier in de sadhanabeoefening met de houding van vajravertrouwen als het ware een voorschot op genomen. Het onwankelbare vajravertrouwen ontstaat omdat men alle voorbereidende oefeningen doorlopen heeft, inzicht in leegte en de boeddhanatuur heeft, en ingewijd is door een geautoriseerde lama in de traditie van meester op leerling die naar de Boeddha terugvoert. Door dit proces van beoefening wordt de karmische waarneming gezuiverd. Niet alleen visualiseert men zichzelf in de tantrische beoefening als een boeddha, ook de omgeving wordt gezien als een zuivere wereld, de mandala van een boeddha. De visualisatieoefeningen zijn oefeningen in zuivere waarneming, waarin lichaam, spraak en geest getransformeerd worden in lichaam, spraak en geest van een boeddha. Alle wezens en vormen in de wereld worden gezien in hun oorspronkelijk zuivere vorm als boeddha's, alle geluiden gehoord als mantra's en alle gedachten verschijnen als het wijsheidspel van de verlichte geest. Dit is geen oefening in de wereld door een roze bril zien, zeggen de lama's, maar de wereld zien zoals het is.

Tibetaans Dodenboek

Een belangrijk aspect van de visualisatierituelen is dat ze ook een voorbereiding vormen voor het herkennen van de eigen natuur op het moment van sterven en in de 'tussentoestand' (*bardo*). De Tibetaanse Dodenboeken (*Bardo Thödal*) werden door de veertiende-eeuwse *tertön* Karma Lingpa als *terma* geopenbaard. In de Nyingmatraditie gaat men ervan uit dat Padmasambhava in de achtste eeuw teksten verborgen heeft in de diverse elementen en de geestesstroom van zijn leerlingen, de terma's ('schatten'), die later door de incarnaties van deze leerlingen, de tertöns, onthuld worden als de tijd en de wezens voor dit onderricht rijp zijn. Daarom wordt Padmasambhava genoemd als auteur van de *Bardo Thödal*, letterlijk: 'Bevrijding door te luisteren tussen twee.'

In de boeken wordt de reis van de overledene door de tussentoestand tussen dit leven en een volgend leven heel precies beschreven. Traditioneel wordt het onderricht op het stervensbed in het oor van de stervende gefluisterd, zodat hij weet wat te doen. De boodschap is in essentie altijd dezelfde: 'Herken wat er gebeurt, welk visioen je ook krijgt, prachtig of angstaanjagend, herken ze allemaal als de projectie van je eigen geest.' Doordat de overledene geen bescherming van een lichaam heeft, is alles wat hem overkomt zeven keer zo intens. De schokkende intensiteit en de afwezigheid van een log fysiek lichaam maken dat hij ook een grote gelegenheid heeft om bevrijding te realiseren. In het *Tibetaans Dodenboek* wordt gesteld dat men eigenlijk voortdurend in iedere situatie één fundamentele keuze heeft. Herkent men de natuur van zijn eigen geest in de spiegel van de waarneming, of leeft men in de illusie dat de projectie werkelijk bestaat?

De dode reist door verschillende bardo's, tussentoestanden. Allereerst is er het pijnlijke *Bardo van het Sterven*. De elementen van het lichaam lossen op dat moment langzaam op. 'Herken het proces. Sterf bewust van wat er gebeurt tijdens het sterven. Verlies het bewustzijn niet' is het advies voor de beoefenaar. Wanneer het lichaam sterft, stoppen ook de gedachten, emoties en karmische gewoontepatronen voor één moment. Er is een interval, een tussenruimte. Op dat moment daagt het heldere licht van de natuur van de geest. Dit is het moment om te herkennen en bevrijding uit de cyclus van geboorte en dood te bewerkstelligen door *dharmakaya* te realiseren. Sommige yogi's blijven dagenlang in meditatie zitten, terwijl ze al gestorven zijn. Vaak blijft hun hart nog heel lang warm. Voor wie geen ervaring in meditatie heeft is dit dagen van het licht echter zo'n overweldigende ervaring dat hij het niet herkent en onmiddellijk het bewustzijn verliest. Dan word je dagen later wakker en zie je dat de tafel niet meer voor je gedekt is. Je schreeuwt naar familieleden: 'Hier ben ik!' Maar ze zien je niet en kijken treurig om zich heen. Langzaam word je je bewust dat je dood bent.

In het Tibetaanse Dodenboek wordt dan het volgende bardo beschreven; het lumineuze *Bardo van Dharmata*. Hierin verschijnen dag voor dag mandala's van vredige sambhogakayaboeddha's, zoals Vajrasattva en Amitabha, die de zuivere manifestatie van de skandha's en de elementen vormen. Wanneer die niet herkend worden, verschijnen ze opnieuw in toornig aspect, moeilijker te ontlopen. Telkens heeft de overledene een kans om ze te herkennen als zijn eigen natuur en bevrijding in *sambhogakaya* te vinden. Maar als hij niet getraind is in visualisatie zal hij zijn projecties niet herkennen en verschijnen voor Yama, 'de heer van de dood', die het levenswiel omklemt. Hij kijkt in de spiegel van het karma en beoordeelt goede en slechte daden. Nu heeft doen alsof geen zin. Ook hem kunnen we herkennen als de Boeddha van Compassie. Maar als we angstig zijn, worden we voortgedreven door de winden van karma en gaan in het volgende bardo, het *Bardo van het Worden*, op zoek naar een nieuw lichaam. We zullen aangetrokken worden door een vrijend paar. Verlangen we naar de vrouw en voelen we afkeer van de man, dan zullen we als man geboren worden, omgekeerd als vrouw. Zo staat het in het Tibetaanse Dodenboek beschreven. Ook nu kan nog bevrijding bereikt worden in *nirmanakaya* door de toekomstige ouders te herkennen als boeddha's in yab-yum. Als dat niet gebeurt, en we toch geboren moeten worden, zijn er nog adviezen om een gunstige geboorte te vinden, het beste als mens in een land waar de dharma onderwezen wordt.

Zo kom je weer in het *Bardo van het Leven* terecht. Dit wordt onderverdeeld in een *meditatie-bardo*, dat betrekking heeft op de dag en een *droombardo*, als onderdeel van de nacht. Het Bardo van het Sterven wordt analoog gezien aan het in slaap vallen. De diepe slaap correspondeert aan het Bardo van Dharmata en de droom is analoog aan het Bardo van het Worden. Hoe men reageert tijdens zijn dromen is een graadmeter voor hoe men zal reageren in het bardo. In de droomyoga tracht men zich dan ook bewust te worden van het feit dat men droomt. Wakker worden is tenslotte als weer herboren worden. Zo doorlopen we iedere dag de stadia van dood en wedergeboorte. Chögyam Trungpa Rinpoche verheldert de reikwijdte van deze visie:

> Bardo betekent tussenruimte; het is niet alleen het interval van een onderbreking nadat we overlijden, maar ook een onderbreking in de levenssituatie; dood vindt ook in de levenssituatie plaats. De bardo-ervaring is onderdeel van onze fundamentele psychologische constitutie. Allerlei bardo-ervaringen vinden voortdurend plaats, momenten van paranoia en onzekerheid in het dagelijks leven; het is alsof we niet zeker zijn van onze grond. We weten niet helemaal waar we om gevraagd hebben of waar we ons mee inlaten. Dit boek is dus niet alleen een boodschap voor zij die stervende zijn of zij die al gestorven zijn, maar ook voor hen die reeds geboren zijn; geboorte en dood zijn voortdurend op iedereen van toepassing, op exact dit moment.[41]

In de boeddhistische visie sterf je eigenlijk ieder ogenblik en word je met iedere gedachte en emotie die opkomt weer herboren. Voordat een gedachte of emotie is ontstaan, is er een leemte; het dharmakaya. Uit de leemte ontstaat spontaan een impuls als natuurlijke expressie van de potentie van leegte om vormen te baren. Dit is het sambhogakaya, of de zuivere lege vorm als versiering van de non-dualiteit, die dit in wezen is. Laat men deze impuls voor wat het is door er niet naar te grijpen, dan verdwijnt ze weer in de ruimte van dharmakaya. Maar laat men zich verleiden tot een oordeel en raakt men hier emotioneel in betrokken, dan kristalliseert de in principe neutrale energie van deze impuls zich tot een vluchtige illusoire vorm, die we als een gedachte of emotie kunnen benoemen op het niveau van nirmanakaya. De potentie om te kunnen voelen en denken heeft dan inhoud gekregen. Sogyal Rinpoche recapituleert in *Het Tibetaanse boek van leven en sterven*:

> Het bardo-onderricht leert tevens dat hetgeen zich nu tijdens ons leven in onze geest afspeelt, precies hetzelfde is als wat er gebeurt in de bardo-staten tijdens de dood, omdat er in essentie geen verschil is. Leven en dood zijn één in 'ononderbroken heelheid' en 'vloeiende beweging'.[42]

Het diamanten voertuig: de weg van devotie

Monniken doen lange rituelen in de kloosters met diep gezang en muziek van het tantrisch orkest dat bestaat uit lange hoorns, schallende klaroenstoten, kletterende bekkens en diepe trommels. Het oorverdovende lawaai dient de conceptuele geest te overdonderen en de visualisaties te ondersteunen. Yogi's, van wie sommigen van de Nyingma en Kagyü met lange haren en in het wit gekleed, zitten in berggrotten en doen lange eenzame retraites om de visualisatietechnieken te perfectioneren. De gewone Tibetaan draait zijn gebedsmolen, loopt om stoepa's heen, en herhaalt eindeloos de mantra '*om mani padme hum*' ('o, juweel in de lotus'), terwijl hij met zijn linkerhand de versleten kralen van zijn gebedsketting (*mala*) telt. Deze mantra van Avalokiteshvara, de bodhisattva van compassie en beschermer van Tibet, waarvan de Dalai Lama als een fysieke manifestatie wordt gezien, is dé klank van Tibet. De vijfkleurige gebedsvlaggen met het 'windpaard' voor voorspoed, geluk en levenskracht, wapperen overal in de wind die de gebeden naar alle uithoeken van de wereld verspreid. Alles in de traditionele Tibetaanse cultuur ademt devotie. Devotie is in het vajrayana hetzelfde als zuivere waarneming: zien zoals het is. Devotie is niet de hoop iets te krijgen, devotie zelf is de zegen. De devotie voor de lama en de Boeddha komt voort uit dankbaarheid dat deze de ware natuur heeft laten zien en het wiel van de leer heeft gedraaid. De grootste devotie is de hulde aan het zicht van de ware natuur. De ultieme zienswijze van *Dzogchen*, 'de grote perfectie' wordt uitgedrukt in *Calling the Lama from Afar*, in de woorden van het voormalige hoofd van de Nyingmaschool Dudjom Rinpoche (1904-1987), die werd gezien als de representant van Padmasambhava voor deze tijd:

Omdat zuiver gewaarzijn van nu-heid de ware Boeddha is,
Vinden we in openheid en tevredenheid de Lama in ons hart.
Wanneer we beseffen dat deze oneindige natuurlijke geest
het wezen van de Lama is,
Is het niet nodig te grijpen in smeekgebeden of onechte
klaagzangen.
Door enkel te ontspannen in ongekunsteld gewaarzijn,
de vrije en open natuurlijke staat,
Verkrijgen we de zegen van spontane zelfbevrijding
van wat er maar opkomt.

9 De Dharma en het Westen

De dharma behoort toe aan wie het beoefent.[43]

Al de verschillende boeddhistische stromingen zien zichzelf als de ultieme, meest complete, of zuiverste boeddhistische traditie. Het Theravada beschouwt zichzelf als het oudste en meest zuivere boeddhisme dat de woorden van de Boeddha leeft. In Japan zeggen ze dat de wortels van het boeddhisme in India liggen, de stam in China, maar dat het in Japan echt tot bloei is gekomen. In Tibet zeggen ze dat alleen in het Tibetaanse boeddhisme alle drie de voertuigen van het boeddhisme – hinayana, mahayana en vajrayana – als een progressief pad onderwezen worden, en dat er in het Tibetaans geschriften bewaard zijn gebleven die in het Sanskriet door de komst van de islam in de twaalfde eeuw, toen het boeddhisme uit India verdreven werd, verloren zijn gegaan. Alle stromingen staan zich erop voor dat hun transmissielijn ongebroken terugvoert naar de Boeddha zelf. Het unieke is dat al deze tradities nu tegelijkertijd naar het Westen zijn gekomen.

Contact tussen Oost en West

Waarschijnlijk waren er reeds contacten tussen het Westen en het boeddhisme in de Oudheid. Alexander de Grote kwam in India (334 v.Chr.), maar niet in de boeddhistische centra. Ashoka zond missies richting Egypte, Syrië en Macedonië (ca 250 v.Chr.) en er zijn berichten van boeddhistische monniken in Athene en Alexandrië. Sommigen menen dat de oudste beeltenissen van de Boeddha gebaseerd zijn op Griekse beeldhouwstijlen, maar zeker weten doen we het niet.

Meer substantieel contact was er in de koloniale tijd. Aanvankelijk wist men wel van het bestaan van de Indiase religies, maar was er geen enkele openheid om niet-christelijke religies te bestuderen. Het verlichtingsdenken en de opkomst van de wetenschap in Europa opende de interesse in een vergelijkende studie van religies. De eerste geschriften werden vertaald. De filosoof Schopenhauer (1788-1860) was een van de eersten die zich liet inspireren door boeddhistische ideeën, maar of hij het allemaal goed begrepen had is een tweede. Sir Edwin Arnold schreef in 1879 het gedicht *The Light of Asia*, een van de eerste vertalingen van het levensverhaal van Boeddha, en in 1922 verscheen Hermann Hesses roman *Siddharta*. Ondertussen gebruikten theosofen de ideeën over karma en reïncarnatie die bij hun spiritisme paste en ontstonden er met name in Engeland groepjes 'theekransboeddhisme'.

Migrantengemeenschappen waren de eerste echt praktiserende boeddhisten in het Westen. Chinezen, Japanners, Vietnamezen, Thai, Koreanen, en later Tibetanen en zo meer, namen gewoon de vorm van het boeddhisme mee die ze thuis beoefend hadden. In de jaren zestig en zeventig van de twintigste eeuw ontstond een nieuw verschijnsel. De jonge westerling had op zijn reizen door het oosten kennisgemaakt met een filosofie en levenswijze die een alternatief leek te vormen voor de materialistische en christelijke tradities waarin hij opgegroeid was. De Amerikaanse beatcultuur met Jack Kerouac en zijn *Dharma Bums* en *On the Road*, ontdekte Hermann Hesse. Ervaringen met drugs leerden dat 'it was all in the mind'. De psycholoog Jung, die zich gedeeltelijk had laten inspireren door boeddhistische ideeën, won met zijn ideeën over individuatie aan populariteit en Maslow formuleerde zijn theorie over zelfrealisatie en piekervaring. Verlichting moest gewoon wel de ultieme piekervaring zijn. Tegelijkertijd verschenen er enkele charismatische leraren ten tonele, die van grote invloed zijn geweest op hoe het boeddhisme momenteel in het Westen vorm heeft gekregen en beleefd wordt.

Belangrijke leraren voor de komst van het boeddhisme naar het Westen

Theravada

De Birmese meditatiemeester S.N. *Goenka*, een leerling van Sayagyi U Ba Khin (1899-1971) speelde een belangrijke rol in het verspreiden van de Vipassana-meditatie. Het was opvallend dat hij een leek was en geen monnik. Hij had veel succes met het geven van Vipassana in Indiase gevangenissen, zoals te zien in de film *Doing Time, Doing Vipassana*. Hij reisde naar het Westen en sprak velen aan met zijn niet-sektarische, bijna-wetenschappelijke benadering. Zijn tiendaagse vipassanaretraites die in stilte worden gehouden zijn zeer effectief.

Een andere invloedrijke meester van de Theravadatraditie was de Thaise *Ajahn Chah* (1918-1992). Hij leefde jarenlang in de bossen van Thailand en kreeg grote naam door zijn heldere humoristische benadering. Ook westerlingen bezochten hem, van wie de bekendste Ajahn Sumedho, die het eerste Theravadaklooster in Europa stichtte, en Jack Kornfield, die in Amerika samen met Joseph Goldstein en Sharon Salzberg de invloedrijke Insight Meditation Society oprichtte. Ook in Nederland wordt op diverse plaatsen Vipassana Inzicht Meditatie beoefend. Informatie en adressen van alle dharmagroepen in Nederland kunnen gevonden worden op de website van de Boeddhistische Unie Nederland, waarin de meeste groeperingen van alle in Nederland aanwezige tradities vertegenwoordigd zijn.

Zen

Voor het begrip van de Zentraditie waren de twee Suzuki's zeer belangrijk. D.T. *Suzuki* werd bekend door zijn geschriften en zijn uitleg van satori, 'plotselinge verlichting', die in het Westen veel weerklank vond. Waar deze Suzuki de aandacht trok door te wijzen op de bijzondere kant van Zen en de dynamiek van Rinzai, benadrukte de andere, *Shunryi Suzuki*, de gewone kant van het 'enkel zitten' uit de Sotoschool. Zo vertelde een student hem een keer enthousiast over een meditatie-ervaring waarin hij oploste in een enorme ruimtelijkheid. 'Ja, je kan dat verlichting noemen,' zei Suzuki, 'maar het is beter het te vergeten.' Vervolgens vroeg hij geïnteresseerd: 'En, hoe gaat het met je werk?'

Shunryi Suzuki was een Japanse monnik, die in de oorlog een vredesactivist in Japan was geweest. Niet makkelijk. Hij wilde altijd naar het Westen, zoals in zijn biografie *Kromme Komkommer* is te lezen. Zodra zijn leraar dood was, ging hij. Hij stichtte het belangrijke Zencentrum in San Francisco in de jaren zestig en publiceerde vlak voor zijn dood in 1971 de klassieker *Zen Mind Beginner's Mind*, in het Nederlands vertaald als *Zen-begin*. Het boekje ademt Zen en tussen de woorden door wordt de realisatie van de Grote Geest gecommuniceerd van deze bijzondere leraar. Toen iemand hem vroeg waarom hij zijn hoofd schoor, antwoordde hij onmiddellijk: 'Het is de fundamentele haarstijl.' Ook zei hij eens tegen zijn leerlingen, die allemaal in Zazen zaten: 'Jullie zijn allemaal perfect, precies zoals je bent (...) en jullie kunnen een kleine verbetering gebruiken.'[44]

Belangrijk is ook *Maezumi Roshi* (1931-1995), stichter van het Los Angeles Zencentrum. Zijn White Plum Lineage heeft veel Amerikaanse Zenleraren opgeleverd zoals Bernie Glassman en Genpo Merzel, die ook weer leerlingen hebben in Nederland, zoals bij Zen River, Zencentrum Amsterdam en op andere plaatsen.

Thich Nath Hanh

Een heel bijzondere plek in de Zentraditie wordt ingenomen door de in 1926 geboren Vietnamese meester Thich Nath Hanh. Hij heeft, geïnspireerd door het geweldloze verzet van Gandhi en Martin Luther King, het geëngageerde boeddhisme leven ingeblazen. Als vredesactivist in Vietnam kwam hij in de problemen met beide kampen. Bijna dertig jaar lang mocht hij zijn land niet in. In 1967 werd hij door Martin Luther King voor de Nobelprijs van de Vrede voorgedragen. Overal waar hij komt maakt hij indruk met zijn kalme uitstraling, zoals recentelijk, toen hij zich richtte tot het Amerikaanse Congres en de Amerikanen vertelde dat je geen vrede maakt door oorlog te voeren. Daar herhaalde hij het aloude motto: 'Er is geen weg naar vrede, vrede is de weg.' Thich Nath Hanh heeft vele boeken geschreven en studenten over de hele wereld. Hij staat bekend om zijn vriendelijkheid, 'zachte' stijl, en om zijn loopmeditatie; het met aandacht voor iedere stap bewegen over de aarde. 'Adem in en je weet dat je leeft, adem uit en glimlach naar het leven' is zijn eenvoudige boodschap. Ook creëerde hij de term 'interbeing' om de wederzijdse, en ego overstijgende, verbondenheid van alle wezens en alle dingen uit te drukken. Dit is ook de naam van zijn gemeenschap de *Tiep Hien*, 'Order of Interbeing', met als hoofdkwartier Plum Village in Frankrijk. De noodzaak voor aandachtsmeditatie drukt Thich Nath Hanh prachtig uit in de film *Steps of Mindfulness*. Hij zegt:

> Je hebt een afspraak met het leven,
> in het huidige moment.
> Als je het huidige moment mist,
> mis je je afspraak met het leven.

Tibetaans boeddhisme

Met de inval van China in Tibet zijn vele Tibetaanse leraren naar India gevlucht. Sommigen bezoeken het Westen regelmatig, anderen wonen er. Een van de meest invloedrijke Gelugpa-lama's was ongetwijfeld de charismatische *Lama Yeshe* (1935-1984). Hij gaf over de hele wereld les en stichtte de Foundation for the Preservation of the Mahayana Teachings, waarvan het Maitreya Instituut in Amsterdam een dependance is. Hij was zo door het Westen geïntrigeerd dat hij is geïncarneerd in een Spaans jongetje, Lama Ösel. Tegenwoordig leidt *Lama Zopa* de organisatie en zijn er ook in Nederland Tibetaanse geshes woonachtig die de centra hier leiden.

De meest kleurrijke boeddhistische figuur uit de recente geschiedenis is waarschijnlijk wel de moderne siddha *Chögyam Trungpa Rinpoche* (1940-1987). Hij sprak met een perfect in Oxford opgedaan accent, maar zijn werkgebied was vooral in de Verenigde Staten. Een doorbraak kwam toen hij zijn monniksgewaad aflegde. Ondertussen transformeerde hij een groep ongedisciplineerde hippies in meditatiebeoefenaars in pak. Zijn reputatie is die van de dwaze wijsheidsleraar, maar de analyses in zijn boeken zijn van een ontnuchterende helderheid. Vooral de klassieker *Spiritueel Materialisme Doorsnijden* (1973), waarin hij de valkuilen van het spirituele pad en de trucjes waarmee ego spiritualiteit misbruikt om zich gewichtig te voelen aan het licht brengt. Trungpa stichtte Naropa, de eerste boeddhistische universiteit in het Westen, experimenteerde met therapeutische methoden, kunst, bracht Japanse elementen samen met de vajrayanatraditie, en is de geestelijk vader van de Shambhala Training. In *Shambhala, de weg van de krijger* (1976) brengt hij principes uit het boeddhisme, de Aziatische krijgertradities en de inheemse Tibetaanse religie samen in een wereldlijke meditatietraining, die het dharmaonderricht voor westerlingen speciaal toegankelijk maakt. Nederland kent ook diverse Shambhala-centra waar men zowel de Shambhala Training als het klassieke boeddhistische onderricht kan bestuderen.

Een van de populairste en invloedrijkste Tibetaanse lama's van dit moment is *Sogyal Rinpoche*. Hij werd opgevoed door Jamyang Khyentse Chökyi Lödro, een van de grootste meesters van de vorige eeuw. Na een studie vergelijkende godsdienstwetenschappen in Cambridge ging hij lesgeven. Zijn humor en helderheid maken het onderricht uit de Nyingma en Dzogchentraditie voor velen toegankelijk. In 1992 verscheen *Het Tibetaanse boek van leven en sterven* waarvan wereldwijd nu reeds meer dan twee miljoen exemplaren zijn verkocht. Ook in Nederland is zijn organisatie Rigpa in diverse plaatsen gevestigd. Twee keer per jaar komt hij naar ons land. Op publieke lezingen is er vaak een moment waarin hij meditatie introduceert met de woorden: 'Net als een glas modderig water, als je er niet in roert, het vanzelf helder wordt, zo is het ook met de geest; wanneer we hem onveranderd laten, vindt hij zijn natuurlijke helderheid terug.' Om de natuur van de geest (rigpa) te realiseren hoeven we in feite niets te doen, want: 'Onze boeddhanatuur is zo goed als de boeddhanatuur van elke andere boeddha.' De grond van ons bewustzijn is dus hetzelfde als die van de boeddha's, alleen 'de boeddha's gingen de ene weg en werden verlicht, en wij gingen de andere en raakten verward'. In plaats van het herkennen van de lege essentie grijpen we buiten ons naar projecties. Beoefening en onderricht dienen om de geest weer 'thuis' te brengen, of zoals Sogyal Rinpoche de essentie van meditatie-instructie vaak samenvat:

Breng de geest thuis
Laat het grijpen los
En ontspan – in de ware natuur van je geest.

De Dalai Lama

Bij de overdracht van de dharma naar het Westen speelt Tenzin Gyatso, de veertiende Dalai Lama van Tibet, een heel aparte rol. Hij is het gezicht van het hedendaagse boeddhisme geworden. Met zijn politiek van geweldloos verzet, die hem in 1989 de Nobelprijs voor de Vrede opleverde, is hij inmiddels tot een internationale bekendheid uitgegroeid. Iedereen kent zijn vriendelijk gelaat. Ook door veel niet-boeddhisten wordt hij beschouwd als een belichaming van vrede en harmonie. Wanneer hij een lezing in Nederland geeft, komen daar al snel meer dan tienduizend mensen op af. In New York trok hij zelfs honderdduizend mensen in Central Park en zijn boeken staan op bestsellerlijsten. De Dalai Lama leeft al bijna vijftig jaar in ballingschap, bijna 1 miljoen van de 6 miljoen Tibetanen verloren in deze periode hun leven en momenteel wonen er meer Chinezen dan Tibetanen in Tibet. Het voortbestaan van de eeuwenoude boeddhistische cultuur van Tibet is daarmee serieus in gevaar. Toch staat hij bekend om zijn vrolijkheid. Hij wordt door Tibetanen beschouwd als de incarnatie van bodhisattva Avalokiteshvara, de bodhisattva van compassie, en is zelf dan ook een groot beoefenaar van *Lojong*, de training van de geest in compassie. 'Wat is compassie?' vroeg een vrouw hem eens. 'Compassie is, wanneer als je bijvoorbeeld een man een hond met een stok ziet slaan, je net zo veel spijt voelt voor de man als voor de hond.' Deze realisatie van bodhicitta maakt dat toen hij Auschwitz bezocht, zijn reactie was: 'Op een plaats als deze is het belangrijk je te realiseren dat een mens in wezen goed is.' Een dergelijke houding is het resultaat van een levenslange training van de geest, die leert dat je vijand je grootste leraar is. Voor de Dalai Lama zijn de Chinezen inderdaad zijn grootste leraar. Ze leren hem geduld en voorbij hoop en vrees te gaan. Dat hij daarin slaagt wordt door meer en meer mensen opgemerkt. Zijn lessen verdeelt hij in twee soorten: die voor boeddhisten, waarin hij vaak lesgeeft over Madhyamika, en die voor het grote publiek waarin hij een seculier boeddhisme predikt, zoals bijvoorbeeld te lezen is in zijn *Ethics for the New Millennium*. Hij raadt mensen aan niet zomaar hun eigen religie op te geven. Zelf zegt hij: 'Mijn religie is eenvoudig. Mijn religie is vriendelijkheid.' In dit algemene onderricht benadrukt hij het ontwikkelen van 'het goede hart'. Vaak zegt hij na een publieke lezing: 'Wanneer dit onderricht je geholpen heeft, probeer het dan te gebruiken. Zo niet, vergeet het dan weer.'

Boeddhisme en wetenschap

Met zijn eenvoudige, liefdevolle benadering en gulle lach heeft de Dalai Lama miljoenen mensen over de wereld weten te raken en open doen staan voor het boeddhisme. Daarmee speelt hij een historische rol bij de komst van de dharma naar het Westen. Zijn invloed reikt echter verder dan dat. Sinds een aantal jaar voert de Dalai Lama vanuit zijn persoonlijke belangstelling voor wetenschap om het jaar een dialoog met prominente westerse wetenschappers tijdens de zogenaamde 'Mind and Life'-conferenties. Boeddha heeft gezegd dat we de waarheid van zijn woorden niet zomaar moeten aannemen enkel omdat hij het gezegd heeft. Net zoals goud getest moet worden om te kijken of het wel echt is, zo ook dienen zijn woorden proefondervindelijk op waarheid onderzocht te worden, en wanneer na diepgaand onderzoek ten slotte zou blijken dat ze niet waar zijn, dienen ze verworpen te worden. De Dalai Lama ziet in deze empirische methode van onderzoek een gelijkenis met de praktijken zoals ze in de wetenschap gebruikelijk zijn. Hij signaleert eenzelfde grondhouding in het speuren naar ware kennis, echter daar waar de wetenschap zich met name op de wereld der fenomenen richt, richt de boeddhistische kennis zich op de geest die deze fenomenen waarneemt. De vraag is of deze twee benaderingen elkaar wat te vertellen hebben, elkaar mogelijk op plaatsen aanvult, of dat het hier gaat om onverenigbare paradigma's waarbij de exponenten eeuwig langs elkaar heen praten. Zonder dialoog komen we hier nooit achter.

De conferenties zijn een impuls geweest voor het opmerkelijke onderzoek van Richard Davidson en anderen naar de effecten van meditatie op de hersenen. Het onderzoek heeft aangetoond dat onze hersenen het vermogen hebben om hun structuur en functie te veranderen al naargelang welke neurologische circuits veel gebruikt worden en welke niet. Deze flexibiliteit wordt neuroplasticiteit genoemd. Aanvankelijk vond onderzoek hiernaar vooral plaats bij professionele musici. Vaak herhaalde vingerbewegingen toonden veranderingen in de hersenstructuur. Davidson maakte in zijn onderzoek EEG's en MRI-scans van ervaren dharmabeoefenaars, die vier verschillende soorten meditatie beoefenden: compassie, eenpuntige concentratie (shamatha), open gewaarzijn (vipashyana) en visualisatie. Dit gaf opmerkelijke resultaten te zien:

- Veel activiteit in delen van de hersenen die helpen om positieve emoties te vormen zoals: geluk, enthousiasme, vreugde en zelfcontrole.
- Minder activiteit in die delen van de hersenen die verbonden worden aan negatieve emoties zoals depressie, egocentrisme en ontevredenheid.
- Kalmeren van dat gedeelte van de hersenen dat angstreacties op gang brengt.
- Het vermogen om een staat van innerlijke vrede te bereiken, ook onder uiterst storende omstandigheden.
- Een ongewoon groot vermogen voor empathie en het herkennen van emoties, veel hoger dan de speciaal hiervoor opgeleide mensen van de geheime dienst!

Interessant was ook dat toen de proefpersonen mediteerden op een 'staat van liefde en compassie voor alle levende wezens zonder uitsluiting', dat die delen van de hersenen geactiveerd werden die verantwoordelijk geacht worden voor geplande actie; alsof zij gereed waren tot hulp over te gaan waar dat maar nodig is. De resultaten lijken erop te wijzen dat het trainen van de geest een duidelijk effect kan hebben op het werken van de hersenen. Ook kunnen emotionele tendensen worden veranderd en destructieve emoties verminderd.

Boeddhisme en zorg

Jon Kabat-Zinn, student van de bekende Koreaanse Zenmeester Seung Sahn en auteur van *Coming to Our Senses* (Hyperion, 2005) heeft een succesvol stressreductieprogramma ontwikkeld, MBSR ('Mindfulness Based Stress Reduction'), waarin boeddhistische technieken van aandacht voor wat je doet in het dagelijkse handelen gebruikt worden in een therapeutische context. In Engeland probeert Karuna liefdevolle vriendelijkheid en therapie te combineren en ook in Nederland zijn er inmiddels diverse therapeuten die psychotherapie met meditatie trachten te combineren. Daarnaast dringt het besef van de kracht van meditatie en compassietechnieken langzaam maar zeker door in ontwenningsklinieken, stervensbegeleiding en ziekenhuizen. Het is duidelijk dat dit hele gebied nog maar in de kinderschoenen staat.

Mediteren op het werk

Een heel ander gebied is bijvoorbeeld dat van managementadvies waar naar meditatie wordt gekeken als een middel waardoor mensen beter in hun vel kunnen komen te zitten en daardoor beter (met meer compassie en minder stress) kunnen functioneren in een organisatie. Wanneer we denken aan de problemen rond ziekteverzuim is dit een belangrijk gebied. Stress en depressie is niet alleen vervelend voor wie het ondergaat, het is ook een kostbare zaak voor de maatschappij. Gelukkige mensen functioneren beter en boeddhisme speelt een grote rol in het 'kunst van het geluk'-debat dat zich de laatste jaren aan het ontwikkelen is. Dit debat heeft bijvoorbeeld impulsen gekregen uit het boeddhistische koninkrijk Bhutan, waar ideeënvorming over duurzame ontwikkeling en het op ecologisch verantwoorde wijze omgaan met de natuur geleid hebben tot de visie van 'Bruto Nationaal Geluk' als alternatief voor het Bruto Nationaal Product.

Howard Cutler heeft met veel succes de Dalai Lama geïnterviewd in *The Art of Happiness* (1998) en *The Art of Happiness at Work* (2003). Een van de dingen die in deze gesprekken naar voren komt is dat de Dalai Lama het belang schetst van spiritualiteit bij het vinden van geluk. Wanneer we door spirituele oefening zoals meditatie een ijkpunt in onszelf vinden dat niet van de omstandigheden buiten ons afhankelijk is, dan hebben we ook geen last van de verscheurdheid waarmee veel mensen kampen. Veel mensen voelen dat ze een bepaald persoon zijn op het werk, een ander thuis en weer een ander op de hobbyclub of in het café. Al die identiteitsconflicten kunnen overwonnen worden door de illusoire aard van het ego in te zien en een plek van rust te vinden door bijvoorbeeld in meditatie 'de geest thuis te brengen'. Dat geeft stabiliteit, reduceert stress en doet geluk toenemen. Ook de training van de geest in compassie is uiterst geschikt om meer begrip te kweken voor lastige collega's op de werkvloer. In Nederland tracht instituut Zin in Werk in Vught een link te leggen tussen managementtraining en boeddhisme en zelfs bij de algemene bestuursdienst in Den Haag wordt onderzocht of het boeddhisme iets te melden heeft aan de ambtenaren die ons land leiden.

Zoals in zo veel facetten van de maatschappij is meditatie op de werkvloer een nog onontgonnen terrein. Waar we ook zijn, ziek, thuis, op school, op het werk of in een terminale fase, we nemen onze geest mee. Dus is er altijd veel wat boeddhistische meditatie kan leren.

Boeddhisme, kunst en media

De directheid en spontaniteit van Zen sprak onmiddellijk tot de verbeelding van vele kunstenaars. De 'performance'-kunst van Marina Abramovic, de videokunst van Bill Viola, muziek van Philip Glass, gedichten van Ginsberg, Schierbeek en vele anderen zijn door het boeddhisme geïnspireerd. Bij veel kunst kan je je afvragen of het wel boeddhistisch is en of het er wel toe doet dat het door boeddhisme is geïnspireerd. Al die grenzen zijn vaag en dat moet misschien ook wel zo zijn. Waar het wel duidelijk is, is wanneer boeddhisme zelf het onderwerp is. Dit geldt bijvoorbeeld voor documentaires die een beeld geven van boeddhistisch leven. Sommigen van die documentairemakers zijn boeddhist en zullen proberen in hun werk ook iets van hun inzichten te laten doorklinken. Nederland verkeert in de unieke positie een boeddhistische radio- en televisieomroep te hebben. Alle uitzendingen van de BOS kunnen op internet nog eens bekeken worden.

Onomstotelijk een boeddhistisch kunstenaar is de Tibetaanse lama Dzongsar Khyentse Rinpoche (1961). Naast dat hij de incarnatie is van een van de grootste Tibetaanse meesters van de vorige eeuw, een klooster runt, en leerlingen heeft in Oost en West, is hij ook een filmmaker die reeds twee speelfilms heeft uitgebracht, *The Cup* (1998) en *Travellers and Magicians* (2004). De films hebben een boeddhistische thematiek en de acteurs zijn vaak lama's en monniken. Interessant is dat Khyentse Rinpoche niet alleen gebruikmaakt van het medium film om een verhaal met boeddhistische inhoud in meer of mindere mate nieuwe boeddhistische vormentaal te vertellen, hij doet ook het omgekeerde. Hij geeft dharmaonderricht waarbij hij het westerse medium film gebruikt ter illustratie van de projectiemechanismen van de geest.[45]

Het leven als film

In het artikel 'Life as Cinema' uit de *Shambhala Sun* van november 2003 heeft Dzongsar Khyentse Rinpoche de regisseursstoel voor de lamatroon verruilt. Hij zegt: stel je voor dat we in een bioscoopzaal geboren zijn en dat we niet beseffen dat wat zich voor onze ogen afspeelt een film is, en niet werkelijk gebeurt. Alles wat we op het scherm zien – liefde, haat, geweld, opwinding – is niet meer dan licht geprojecteerd door het celluloid. Wanneer iemand onze aandacht probeert te trekken, zeggen we misschien dat hij stil moet zijn. We willen niet gestoord worden, zo gaan we op in het verhaal van de film. Maar misschien is er iemand die naast ons zit en ons vertelt: 'Hé, dit is gewoon maar een film. Het is niet echt. Het is slechts een projectie.' Dan bestaat de kans dat we ontwaken en ontdekken dat we naar een speelfilm zitten te kijken. Dit betekent niet dat we nu meteen de zaal uit moeten. We kunnen gewoon ontspannen verder kijken en ervan genieten. Wanneer we dan op zeker moment overweldigd worden door emoties vanwege een tragische gebeurtenis in de film, zegt iets in ons bewustzijn ons dat het niet echt is. In werkelijkheid is het 'no big deal'.

Precies deze houding, zegt Dzongsar Khyentse Rinpoche, is het die beoefenaars van de boeddhadharma zouden moeten begrijpen: het geheel van samsara en nirvana is zonder essentie en niet werkelijk waar. Wie eens een glimp van dit zicht heeft opgevangen zal een vertrouwen hebben dat wanneer de gebeurtenissen van het leven zo overweldigend zijn dat je erdoor meegevoerd wordt, dat je je dan toch herinnert dat in essentie deze gebeurtenissen zijn als een film die geprojecteerd wordt door je geest en niet werkelijk waar is. Dat inzicht kan de opening zijn die bevrijding schenkt uit de illusie.

Nu kan het zo zijn dat wanneer iemand tegen je zegt: 'Hé, dit is niet echt, dit is een film', dat je dat niet hoort, omdat je net afgeleid bent door een luide knal of een andere spannende gebeurtenis. We horen de boodschap dan niet en we blijven verward en geloven dat er toch iets echt is aan de film. Dit, zegt Khyentse Rinpoche, is het gevolg van een gebrek aan verdienste. Intelligentie en compassie zijn belangrijk, maar zonder verdienste ontstaan niet de gunstige omstandigheden waarin we de stem kunnen horen dat wat we zien niet echt is.

Als je nu toch wat verdienste verzameld hebt en je hoort degene naast je fluisteren, staan boeddhisten verschillende opties open. In het Theravadaboeddhisme, of hinayana, trachten we het lijden te beëindigen door uit de filmzaal weg te lopen of door de ogen te sluiten om niet door de film meegesleept te worden. In het Mahayana overstijgen we het lijden vanuit het begrip dat de film niet werkelijkheid is, maar in essentie leeg en een projectie van de geest. We houden hier niet op met naar de film te kijken, maar ontwikkelen een zorg voor de anderen in de cinema. In het Vajrayana ten slotte, raken we niet begoocheld door de film, maar zijn we ons bewust van de illusie en vrij ervan te genieten. Hoe meer emotie de film oproept hoe meer we het briljante en levendige van de productie waarderen. Dit inzicht delen we met andere kijkers, die, zo vertrouwen we, in staat zijn tot eenzelfde zuivere visie.

Om dit in het echte leven toe te passen hebben we verdienste nodig. In Theravada wordt verdienste verzameld door te onthechten, in mahayana door uit compassie meer begaan te zijn met anderen dan gepreoccupeerd met jezelf. Deze transformatie van volledig opgaan in de film naar het zien van leegte en het hebben van compassie voor anderen kan een langdurig proces zijn en daarom wordt in het vajrayana het snelle pad van het verzamelen van verdienste door devotie bewandeld. Khyentse Rinpoche zegt dat in vajrayana we de persoon naast ons vertrouwen die fluistert dat wat we zien niet echt is. We zien het begrip dat hij heeft en bespeuren de diepte en vrijheid van zijn geest. We herkennen door zijn wezen en woorden dat we hetzelfde potentieel aan inzicht en vrijheid in onze eigen geest meedragen en voelen daarom waardering en dankbaarheid voor hem. Een moment van dergelijke devotie brengt immens grote verdienste, zegt Khyentse Rinpoche. Wanneer we in tune zijn met deze fluisteraar laat hij ons zien hoe de rest van het publiek verstrikt is in de film en hoe onnodig dit allemaal is. Zonder dat we hoeven te vertrouwen op onze eigen verwarde worsteling, laat deze persoon ons begrijpen wat we zien. We kunnen dan ontspannen en van de voorstelling genieten. Mogelijk zullen wij op onze beurt dan weer een paar anderen in het oor fluisteren.

Westers boeddhisme

Net als in het verleden in Azië scharen zich in het Westen groepen mensen rond charismatische boeddhistische leraren. Uniek is dat er een uitwisseling bestaat tussen de verschillende tradities. Tibetaanse lama's vertellen verhalen uit de Zentraditie, Vipassana-leraren studeren Dzogchen, elementen uit westerse therapieën slippen dharmalezingen binnen, en de leerlingen, die halen gewoon overal vandaan wat ze maar hebben willen en waar ze het maar krijgen kunnen, ook buiten het boeddhisme.

Vooral in Zen en het vajrayana is de rol van de meester belangrijk. Hij heeft absolute autoriteit en dat is iets wat voor veel westerlingen maar moeilijk te verhapstukken is. Kritische geesten en devotie, een mooie combinatie, maar niet altijd makkelijk in één bed. Er zijn stemmen die zeggen dat een mengelmoes van overdrachtslijnen veel dichter staat bij wat de Boeddha oorspronkelijk in gedachten had, dan al de verschillende scholen en tradities. Anderen waarschuwen juist weer voor het verwateren van eeuwenoude tradities. Met name in de Verenigde Staten is er een discussie aan de gang, die wordt uitgevochten in bladen als *Tricycle* en de *Shambhala Sun* over de aard van het Amerikaanse boeddhisme. Daarbij kan de vraag gesteld worden: hoe Amerikaans moet het worden voordat het ophoudt boeddhistisch te zijn? Opvallend is dat in Europa deze discussie veel minder gevoerd wordt. Daar is men toch nog meer verbonden met de leraren uit het moederland van de verschillende tradities. Met name Tibetaanse lama's zijn uiterst terughoudend in het bekrachtigen van westerse leraren. De westerse incarnaties van Tibetaanse leraren die gevonden zijn nemen over het algemeen nog geen hoge plaats in de hiërarchie in. In Zen, en zeker in Amerika, wordt wel veel eerder aan westerlingen dharmatransmissie gegeven.

Een ander aspect is de rol van vrouwen: die is in het Westen natuurlijk nogal anders dan in traditionele Aziatische gemeenschappen. Je kan zelfs zeggen dat in westerse dharmagroepen er over het algemeen juist meer vrouwen dan mannen in de sangha zijn. Dit zijn ontwikkelingen waarvan het effect op de korte termijn niet te overzien is.

Ten slotte zijn er dan nog de kinderen. Drukke kinderen in een stille meditatiehal, kan dat? Allerlei boeiende experimenten zijn gaande om dharmaonderwijs aan kinderen te geven. Over het algemeen laten de ouders de kinderen de vrije keus of ze boeddhist willen worden of niet. Sommige kinderen gaan hun eigen weg, andere zie je later weer terug in de tempel. Hoe het boeddhisme zich in het Westen gaat ontwikkelen en hoe leraren bekrachtigd gaan worden, realisaties gecheckt, en de dharma op een authentieke wijze bewaard en doorgegeven gaat worden zal de tijd moeten leren.

10 Conclusie: boeddhisme in een notendop

Alles wat in onderlinge afhankelijkheid ontstaat is
Zonder ophouden en zonder geboorte
Noch niet-bestaand noch eeuwigdurend
Noch komend noch gaand
Vrij van vele betekenissen, vrij van één betekenis
Alle concepten en dualiteit opheffend;
Aan dit onderricht, de woorden van de volledig verlichte Boeddha
Brengen wij hulde!

Mogen alle uiterlijke en innerlijke obstakels
Voor het bereiken van onze uiteindelijke verlichting
Volledig tot rust gebracht worden.

En moge in dit leven
Alles wat verstorend is gekalmeerd worden
Mogen wij altijd vrede en geluk ervaren
Lang leven, gezond, welvarend en succesvol zijn.[46]

Of alles wat je altijd wilde weten over het boeddhisme in dit boekje beantwoord is, weet ik niet. Vaak roepen antwoorden weer nieuwe vragen op. Zo gaan die dingen, vooral in het boeddhisme, waar eindeloos verdieping te vinden is. Er wordt daarom gezegd:

Hoe meer je luistert, des te meer hoor je.
Hoe meer je hoort, des te dieper wordt je begrip.

Als er iemand is geweest die het boeddhisme op alle mogelijke manieren in een notendop heeft geprobeerd te vatten, is het de Boeddha zelf wel geweest. Met zijn eerste onderricht over de Vier Edele Waarheden vatte hij meteen het hele verhaal samen:

Herken lijden.
Verwijder de oorzaak van lijden.
Realiseer het ophouden van lijden.
Beoefen het pad naar het ophouden van lijden.

Honderden geschriften zijn gecomponeerd met onderricht van de Boeddha, maar op de vraag de essentie van zijn onderricht weer te geven, antwoordde hij in drie zinnen:

Doe geen kwaad.
Doe goed.
Hou je geest zuiver.
Dit is het onderricht van de Boeddha.[47]

De Dalai Lama heeft als hedendaagse representant van de Boeddha ook een handje van het bondig samenvatten van het boeddhisme:

De essentie van het boeddhistische pad
is een diep en transformerend mededogen
voor alle levende wezens,
gekoppeld aan wijsheid
– het penetrerende inzicht in 'shunyata',
de natuur van de werkelijkheid zelf.

Of nog bondiger:

Vanuit het zien van wederzijdse afhankelijkheid
altruïstisch handelen.

Misschien het meest aansprekende kenmerk van Boeddha's passie voor notendoppen is het samenkomen van duizelingwekkende diepzinnigheid met vanzelfsprekende eenvoud: de essentie van de *Prajnaparamitasoetra in Honderdduizend Verzen* is de *Hartsoetra*. De essentie van de *Hartsoetra* is de lettergreep 'A'!

Al deze expressies het hele onderricht in een enkele zin, een paar woorden, of zelfs een enkele klank samen te vatten, is geen toeval of grapje. Het is de uitdrukking van een traditie waarin het net zo'n daad van devotie is om de heilige geschriften op de hoogste plank of op het altaar te zetten, als om ze te verscheuren in een daad van rebellie tegen conceptualisering van de waarheid. Boeddhisme is niet iets buiten onszelf, het is geen boek of theorie en uiteindelijk ook geen formuleerbaar inzicht. Studie van het boeddhisme is de studie van onszelf. Dogen zei:

> Mensen hebben geen boeddhanatuur,
> Mensen zijn boeddhanatuur.

Het inzicht van de Boeddha verschilt niet van de mensen die het belichamen. Daarom ligt er een grote verantwoordelijkheid voor iedere generatie opnieuw om hun potentieel tot ontwaking te realiseren. In de boeddhistische visie belichaamt in essentie ieder van ons, of we nu boeddhist zijn of niet, het boeddhisme in een notendop. Voor wie echt iets over het boeddhisme wil leren, rest er dan ook niets anders dan zelf op het kussen plaats te nemen.

Woord van dank

Graag wil ik Sogyal Rinpoche bedanken, en ook Dzigar Kongtrul Rinpoche en Dzongsar Khyentse Rinpoche, voor al hun onderricht en de wijze waarop zij de dharma als levende ervaring op de meest natuurlijke en toegankelijke wijze belichamen, en anderen inspireren dat ook te doen. Zonder hen zou ik er weinig van begrepen hebben.

Daarnaast wil ik Annemiek Schrijver bedanken voor het leggen van contact met de uitgever en Esther Hendriks van Uitgeverij Bert Bakker voor het geschonken vertrouwen.

Tot slot wil ik in het bijzonder 'my girl' Maureen bedanken, voor al haar liefde, geloof, steun en zorgen, die als een onzichtbaar weefsel door dit boek lopen.

Noten

1 Shunryi Suzuki, *Zen-begin*. Ankh-Hermes (1976: 97).

2 *Dhammapada* hoofdstuk 14; vers 183. Vertaling van de auteur.

3 Thich Nath Hanh, *Old Paths, White Clouds*. Berkeley: Parallax Press (1991: 121). Vertaling van de auteur.

4 *Dhammapada*, vers 153-154. Penguin (1973). Vertaling van de auteur.

5 Dalai Lama, *The World of Tibetan Buddhism*. Wisdom Publications (1995: 16). Vertaling van de auteur.

6 Boeddha Maitreya in Asanga's *Uttaratantrashastra*. Vertaling van de auteur.

7 *Anguttara Nikaya* III in 'Ways of Enlightenment'. Dharma Publishing (1993). Vertaling van de auteur.

8 *Dhammapada* 20 v-vii. Penguin (1973). Vertaling van de auteur.

9 *Dhammapada* 1, i-v. Penguin (1973). Vertaling van de auteur.

10 Dalai Lama, *The Four Noble Truths* (1997: 93, 94) Londen: Thorsons. Vertaling van de auteur.

11 Boeddha Maitreya in de *Mahayanasoetralamkara* VI: 4 uit 'Ways of Enlightenment'. Dharma Publishing (1993). Vertaling van de auteur.

12 *Majjhima Nikaya* XXVIII uit idem. Vertaling van de auteur.

13 Onder meer in *Samyutta Nikaya* II 28. Uit 'Ways of Enlightenment'. Dharma Publishing (1993). Vertaling van de auteur.

14 In Sogyal Rinpoche, *Het Tibetaanse boek van leven en sterven* (1994: 104-105). Utrecht: Servire.

15 Idem: 105-106.

16 Dalai Lama, *The Four Noble Truths* (1997: 82-84). Londen: Thorsons. Vertaling van de auteur.

17 Zie ook D. Side, 'Buddhism'. Philip Allan Updales (2005: 146-148).

18 Dzigar Kongtrul Rinpoche, mondeling onderricht te Lerab Ling, Frankrijk, 27 juli 2006.

19 Zie ook D. Side, 'Buddhism'. Philip Allan Updales (2005: 18-24).

20 *Digha Nikaya* XXIX. Uit 'Ways of Enlightenment'. Padma Publishing (1993). Vertaling van de auteur.

21 'Vijf foutieve manieren van onthouden' in Patrul Rinpoche, *De woorden van mijn volmaakte leraar*. Asoka (2004: 66).

22 Geciteerd in J. Bloch, *Les Inscriptions d'Asoka*. Uit D. Side, 'Buddhism'. Philip Allan Updates (2005). Vertaling van de auteur.

23 Uit: Sharon Salzberg, *Loving-Kindness*. Shambhala: 1995. Vertaling van de auteur.

24 *Dhammapada* I, vers i-v. Penguin (1973). Vertaling van de auteur.

25 Tenzin Gyatso, de veertiende Dalai Lama van Tibet.

26 Dzigar Kongtrul Rinpoche, Rigpa Shedra, 2002.

27 Engelse vertaling: Nalanda Translation Group. Nederlandse vertaling: Rigpa-vertaalcomité.

28 Shantideva, *The Way of the Bodhisattva* VIII 95-96. Padmakara (1997). Vertaling van de auteur.

29 Shantideva, *The Way of the Bodhisattva* X 55. Padmakara (1997). Vertaling van de auteur.

30 In Anne Bancroft, *Zen*. De Haan, Haarlem (1979: 16).

31 In Anne Bancroft, *Zen*. De Haan, Haarlem (1979: 24).

32 *Rinzai Roku* XVII. Uit: *Buddhadharma*, zomernummer 2005: 36. Vertaling van de auteur.

33 Anne Bancroft, *Zen*. De Haan, Haarlem (1979: 20).

34 Shunryi Suzuki, *Zen-begin*. Deventer: Ankh-Hermes (1976: 35).

35 Idem: 64.

36 In J. van Tooren, *Haiku. Een jonge maan*. Meulenhoff (1973: 58).

37 Idem: 62-64.

38 Uit een interview met de auteur voor de BOS-radio, 16 februari 2005. Zie ook het artikel van de auteur in *Vorm en Leegte*, winter 2006.

39 *Hevajratantra*.

40 Yeshe Tsogyal, *The Lotus-Born* (1993: 34). Padmakara. Vertaling van de auteur.

41 Trungpa Rinpoche en F. Fremantle, *The Tibetan Book of the Dead* (1975: 1-2). Vertaling van de auteur.

42 Sogyal Rinpoche, *Het Tibetaanse boek van leven en sterven*. Servire (1992: 342).

43 Tibetaans gezegde.

44 Suzuki Roshi, *To Shine One Corner of the World* (2001: 3). Broadway Books. Vertaling van de auteur.

45 Zie het artikel hierover van de auteur in: Bert van Baar en Sander Tide-

man (red.), *Dossier Tibet*. Asoka (2006).

46 Colofon van de Tibetaanse versie van de *Hartsoetra*, het eerste vers komt uit Nagarjuna's *Mulamadhyamakakarika*.

47 *Dhammapada* 14; vers 183. Penguin (1973). Vertaling van de auteur. Zie ook bladzijde 14.

Verklarende woordenlijst

De meeste woorden komen uit het Sanskriet. Indien anders, is dat vermeld.

Abhidharma
Een van de drie verzamelingen (*Tripitaka*) van teksten, waarin de *dharma* na *Boeddha's* overlijden is ingedeeld. Het vormt het fundament voor boeddhistische wijsheid, psychologie en logica.

Amitabha
Amida (Jap.). Boeddha van het 'Onmetelijke Licht'. Woont in het Westelijk Paradijs *Sukhavati*.

Anatman
'Geen zelf'. Ontkenning van het bestaan van een permanente ziel (*atman*).

Arhat
'Overwinnaar' van negatieve emoties. Culminatie van het *basisvoertuig*, *hinayana* en *Theravada*.

Ashoka (350 v.Chr.)
Keizer, die India tot één rijk maakte, zich waarschijnlijk zelf tot het boeddhisme bekeerde, en tolerantie voor verschillende religies propageerde.

Atisha (982-1054)
Indiase stichter van de *Kadampa*-sekte. Bracht het *Lojong*-onderricht van Indonesië naar Tibet.

Avalokiteshvara
De *bodhisattva* van het mededogen.

Bardo (Tib.)
Letterlijk 'tussen twee'. Verwijst in het algemeen naar de tussenstaat tussen dood en volgend leven.

Basisvoertuig
Het fundamentele onderricht dat gemeenschappelijk is aan alle scholen, gebaseerd op de eerste draai van het wiel van de *dharma*. Correctere term dan *hinayana*: 'Kleine Voertuig'.

Bodhicitta
'Verlichtingsgeest'. Hart van de verlichte geest. Op relatief niveau is het de wens verlichting te bereiken voor het heil van alle voelende wezens. Op absoluut niveau is het direct inzicht in de ultieme natuur van de geest, de leegte van alle dingen, *shunyata*.

Bodhisattva
Aspirant-*boeddha*. Beoefenaar van het *mahayana* die de gelofte heeft afgelegd om alle levende wezens te bevrijden.

Boeddha
'Ontwaakte'. Een boeddha is vrij van *samsara* en zijn handelen produceert geen nieuw *karma* meer.

Boeddhanatuur
Tathagatagarbha. 'Boeddhazaad'. Het potentieel dat ieder levend wezen heeft om volledig te ontwaken en verlicht te worden, en dat daarom de essentie van dat wezen vormt.

Brahmavihara's
Vier staten van Brahma, waarop in *Theravada* gemediteerd wordt: liefde, compassie, vreugde en gelijkmoedigheid.

Ch'an (Ch.)
Dhyana (Skrt.), *Zen* (Jap.). Chinese school gebaseerd op de meditatietraditie van Bodhidharma, waarin zonder woorden en dogma's de essentie van het onderricht wordt overgedragen.

Cittamatra
'Enkel geest'. Indiase filosofische school, gebaseerd op de derde draai van het wiel van dharma over de *boeddhanatuur*, die veronderstelt dat de lumineuze kwaliteit van de geest het enige is wat werkelijk bestaat.

Dhammapada (Pali)
Een van oudste verzamelingen gezegden van de *Boeddha* uit het Palicanon.

Dharma
Waarheid. Zoals het is. Weg. Leer van de *Boeddha*.

Dharmakaya
'Waarheidslichaam'. Spirituele dimensie waarin de *boeddhanatuur* zich manifesteert als vormeloze en absolute waarheid. Realisatie van Dharmakaya is het einddoel van het spirituele pad.

Dogen Kigen (1200-1253)
Japanse Zenmeester, die de Sotoschool van graduele verlichting stichtte en zitten in zazen benadrukt.

Duhka
Over het algemeen vertaald met 'lijden'. Heeft ook de connotaties 'frustratie', 'irritatie' en 'angst'.

Dzogchen (Tib.)
'Grote Perfectie'. Perfectie betekent hier dat de natuur van de geest spontaan alle kwaliteiten van de *Trikaya* bezit. Wordt in de *Nyingma*-traditie als de hoogste visie onderwezen.

Gelugpa (Tib.)
'Deugdzamen'. De grootste Tibetaanse boeddhistische school, waartoe ook de Dalai Lama behoort, gesticht door Tsong Khapa (1357-1419).

Hinayana
'Kleine Voertuig'. Beetje denigrerende term uit het *mahayana*. Daarom ook *basisvoertuig* genoemd. Verwijst naar het oudste boeddhisme en het onderricht van de *Theravada*. Is met name gebaseerd op de eerste draai van het wiel van de dharma.

Kadampa
De eerste van de scholen van de nieuwe vertaaltraditie in Tibet, gebaseerd op het onderricht van *Atisha* (982-1054). Dit benadrukt compassie, studie en zuivere discipline.

Kagyüpa
Een van de scholen van de nieuwe vertaaltraditie, die het onderricht volgen dat in de elfde eeuw vanuit India naar Tibet werd gebracht door Marpa en doorgegeven aan Milarepa en Gampopa.

Karma
Actie. De universele wet die zegt dat iedere actie vroeg of laat een gevolg heeft, waarvoor men verantwoordelijk is.

Klesha
'Verstorende emoties', die de geest verduisteren en lijden en *karma* creëren.

Koan (Jap.)
Reflectieve meditatie in de Zentraditie op een raadselachtige zin of vraag dat een verlichtende doorbraak in de gewone conceptuele geest dient te forceren.

Lama (Tib.)
Lha ma is letterlijk 'niets hogers'. Niet iedere monnik is een lama. In de *Nyingma*- en *Kagyü*traditie krijgt men pas de lamatitel na drie jaar retraite.

Levenswiel
Afbeelding van de drie vergiften (onwetendheid, agressie en begeerte) met de *zes werelden* en daaromheen de twaalf schakels van afhankelijk ontstaan, die omklemd wordt door *Yama*, heer van de dood.

Lojong (Tib.)
Trainen van de geest in compassie middels slogans en beoefening van *tonglen*.

Madhyamika
'Middenweg'. *Mahayana*filosofie, gebaseerd op de tweede draai van het wiel van de *dharma* en ontwikkelt door *Nagarjuna*, over de leegte voorbij de extremen van nihilisme en eternalisme.

Mahakashyapa
Leerling van de *Boeddha*, die de *Abhidharma* reciteerde. Vader van de *Zen*-traditie.

Mahayana
'Grote Voertuig'. Het onderricht van de *Boeddha* dat is gebaseerd op de tweede en derde draai van het wiel van de *dharma*. Kenmerkt zich door de filosofie van leegte (*shunyata*) als de absolute essentie van de relatieve verschijnselen en door de motivatie van compassie op het *bodhisattva*pad. Verspreidde zich vanuit India in noordoostelijke richting over Azië.

Maitreya
Toekomstige *boeddha*. Verblijft in *Tushita*. Gaf onder meer onderricht over de boeddhanatuur aan Asanga.

Mandala
Khyil khor (Tib). 'Iets met een centrum en een periferie'. Kan slaan op een groep mensen rond een leider, een gevolg rondom een *boeddha* of een min of meer symmetrisch geometrisch patroon dat het paleis van de godheid, en de structuur van het universum uitbeeldt.

Manjushri
Boeddha of *bodhisattva* van wijsheid. Wordt meestal afgebeeld met het vlammend zwaard van Prajna, 'Onderscheidende Wjsheid' in zijn handen.

Mantra
'Dat wat de geest beschermt'. Manifestatie van verlichte energie in de vorm van klank.

Mara
Komt van *mr*: 'sterven' en *mrtyu*: 'Hij, die de dood veroorzaakt'. Verpersoonlijking van ego, de obstructies van *verlichting*, de 'Boze'.

Maudgalyayana
Samen met *Shariputra* de meest intieme leerling van de *Boeddha*. Bekend om zijn wonderen.

Metta (Pali)
Maitri (Skrt.). 'Liefdevolle vriendelijkheid'.

Nagarjuna (tweede eeuw)
Indiaas meester, die het onderricht over de Middenweg, *Madhyamika*, ontwikkelde. Hij staat aan de basis van het *mahayanaboeddhisme*.

Nagasena
Indiase wijze, die vragen van koning Milinda in de Palitekst *Milindapanha* (eerste eeuw) beantwoordt.

Nirmanakaya
Tulku (Tib). 'Manifestatielichaam'. Aspect van boeddhaschap dat zich manifesteert uit compassie om levende wezens te helpen.

Nirvana
Letterlijk 'uitgedoofd'. Staat van *verlichting*, bevrijding van *samsara*.

Nyingmapa
De oudste school van het Tibetaans boeddhisme, die terugvoert naar Goeroe *Padmasambhava*.

Padmasambhava
'Lotus-geborene'. Bracht het boeddhisme in de achtste eeuw naar Tibet. Wordt in de *Nyingma*-school gezien als de belichaming van het goeroeprincipe in de goeroeyoga.

Paramita
'Van de andere oever', transcendente handeling. Zes paramita's: generositeit, discipline, geduld, enthousiaste volharding, meditatie, en wijsheid (*prajnaparamita*). Tien paramita's: de zes paramita's + vaardige middelen, kracht, aspiratie, en primordiale wijsheid (*jnanaparamita*) zijn parallel aan de tien stadia (*bhumi's*) van het *bodhisattva*pad.

Paranirvana
Nirvana zonder 'overblijfsel' (lichaam), waarin de *Boeddha* bij zijn overlijden binnenging.

Prajnaparamita
'Wijsheid van de Andere Oever'. Transcendentale wijsheid. De zesde *paramita*. Onderricht van de *Boeddha*, dat hij gaf gedurende de tweede draai van het wiel van de *dharma*, over de afwezigheid van een afzonderlijk bestaan van alle dingen.

Rinpoche (Tib.)
'Kostbare'. Titel voor hoge *lama's*.

Rupakaya
'Vormlichaam', verzamelnaam voor *Sambhogakaya* en *nirmanakaya*.

Sambhogakaya
'Vreugdelichaam'. Lumineus aspect van boeddhaschap. Slechts waarneembaar voor gerealiseerde wezens. Het niveau waarop de zuivere licht- en klankvormen van *boeddha's* zich manifesteren.

Samsara
'In een kringetje ronddraaien'. De eindeloze cyclus waarbij men door negatieve emoties en *karma* voortgedreven wordt van de ene toestand van wedergeboorte naar de andere.

Sangha
Gemeenschap van beoefenaars van de *dharma*, in het bijzonder van toepassing op monniken en nonnen.

Satori (Jap.)
Term voor plotselinge verlichting in de *Zen*traditie.

Shamatha
'Kalm verblijven'. Meditatiemethode met of zonder object waarbij men de geest tot rust en eenpuntige concentratie wil brengen.

Shantideva (zevende eeuw)
Indiase dichtermonnik, die de *Bodhicaryavatara*, 'de Weg van de *Bodhisattva*' componeerde, een van de grondslagen van het *mahayana*.

Shariputra
Een van de meest intieme leerlingen van de *Boeddha*. Staat vaak samen met *Maudgalyayana* op thanka's van Boeddha Shakyamuni afgebeeld.

Shramana
Yogi uit de tijd van de *Boeddha* die onthecht van alles rondtrok om ascetische beoefeningen te doen.

Shunyata
Een term uit het *mahayana* om naar de absolute waarheid te verwijzen. Wordt vaak met 'leegte' vertaald, hetgeen niet geheel de lading dekt, daar het ook de kwaliteit van potentie van al het mogelijke heeft en het niet met een vacuüm verward moet worden.

Siddha
Een yogi met *siddhi's*, spirituele verworvenheden. Een *mahasiddha* is een 'grote' siddha.

Siddharta Gautama (vermoedelijk 563-483 v.Chr.)
Naam van Boeddha Shakyamuni, voordat hij *verlicht* raakte en een *boeddha* werd.

Skandha
'Hoop'. Vijf 'bewustzijnsaggregaten': Vorm, Gevoel, Perceptie, Conceptformatie en Bewustzijn.

Soetra
Tekst met onderricht van of geïnspireerd door de *Boeddha*. Een van de Tripi*taka*. Vormt de basis van het *hinayana* en het *mahayana*.

Stoepa
Torenvormig bouwwerk. Symbool van de verlichte geest. Vaak gevuld met relikwieën.

Sukhavati
Het zuivere land van *Amitabha*, waar gelovigen na hun dood herboren worden als opmaat naar boeddhaschap.

Tantra
'Continuïteit', 'weefsel'. Tekst gebaseerd op de oorspronkelijke zuiverheid van de natuur van de geest. De basisteksten van het *vajrayana*. Wordt ook wel als synoniem gebruikt voor *vajrayana*.

Tathagata
'Hij, die zo gegaan is'. Een *boeddha*.

Terma (Tib.)
Een door *Padmasambhava* verborgen rituele tekst of voorwerp dat in later tijden door een van zijn geïncarneerde leerlingen, een tertön, op het juiste moment en op de juiste plaats onthuld wordt.

Theravada
'De ouden'. Oudste boeddhistische school die zich op het Palicanon van het *basisvoertuig*, *hinayana*, baseert en zich via Sri Lanka naar Zuidoost-Azië heeft verspreid.

Tonglen (Tib.)
De beoefening van relatieve *bodhicitta*: 'geven en nemen' op het medium van de ademhaling.

Trikaya
Drie 'lichamen' of dimensies, waarin boeddhaschap zich manifesteert. De lege essentie van het vormeloze absolute *dharmakaya*, de heldere natuur van het lumineuze *sambhogakaya*, en het ongelimiteerde mededogen van het zintuiglijk waarneembare *nirmanakaya*.

Tripitaka
De 'drie manden, verzamelingen, collecties of categorieën' van het onderricht van de *Boeddha*; *Soetra*, *Vinaya* en *Abhidharma*.

Tushita
'Hemel' of boeddhaland waar de toekomstige *boeddha Maitreya* resideert.

Vajrayana
'Diamanten Voertuig'. Onderricht gebaseerd op de *tantra's*, dat zich kenmerkt door het gebruik van vaardige middelen zoals *mantra* en visualisaties om de verwarring van de geest de transformeren in zijn oorspronkelijke natuur van wijsheid en compassie.

Verlichting
Toestand van absoluut heil, helderheid, vrede, liefde en compassie, waarin men niet meer gebonden is aan *samsara* en geen *karma* meer creëert, maar waarin de *boeddhanatuur* volledig ontwaakt en gerealiseerd is.

Vinaya
Een van de *Tripitaka*. Bevat onderricht van de *Boeddha* over monastieke discipline en ethiek.

Vipashyana
'Helder zien'. Meditatie waarbij nadat de geest gekalmeerd is door de beoefening van *shamatha* direct naar de fenomenen gekeken wordt om hun illusoire aard te doorzien.

Vipassana (Pali)
Methode van 'inzichtmeditatie' uit de *Theravada*traditie.

Yama
'Heer van de Dood'. Verpersoonlijking van de vergankelijkheid.

Zen (Jap.)
Ch'an (Ch.). Vorm van *mahayana* dat zich via China verspreidde naar Japan.

Zes Werelden (zes rijken)
De zes werelden van hergeboorte in *samsara*; hel, hongerige geestenwereld, dierenrijk, mensenwereld, strijdende goden- en godenwereld.

Zuivere Land
School van beoefening van devotie voor *Amitabha* in Japan (Jodo-shu) en China.

Register

Eerder zijn in deze reeks verschenen:

De Nederlandse architectuur in een notendop
Paul Groenendijk
€ 9,95 / 200 pagina's

Economie in een notendop
Arnold Heertje
€ 9,95 / 224 pagina's

Religie in een notendop
Jan Hondebrink
€ 9,95 / 136 pagina's

Het koningshuis in een notendop
Carla Joosten
€ 9,95 / 128 pagina's

Russische literatuur in een notendop
Arthur Langeveld
€ 9,95 / 132 pagina's

Wijn in een notendop
Mario Molegraaf
€ 9,95 / 119 pagina's

De bijbel in een notendop
Fokkelien Oosterwijk
€ 9,95 / 124 pagina's

De Amerikaanse geschiedenis in een notendop
Jan van Oudheusden
€ 9,95 / 184 pagina's

De geschiedenis van het Midden-Oosten in een notendop
Jan van Oudheusden
€ 9,95 / 156 pagina's

De wereldgeschiedenis in een notendop
Jan van Oudheusden
€ 9,95 / 188 pagina's

Nederlandse literatuur in een notendop
Annette Portegies & Ron Rijghard
€ 9,95 / 132 pagina's

Klassieke muziek in een notendop
Katja Reichenfeld
€ 9,95 / 112 pagina's

De kosmos in een notendop
Govert Schilling
€ 9,95 / 112 pagina's

De Nederlandse krijgsmacht in een notendop
Jan Schulten
€ 9,95 / 162 pagina's

De geschiedenis van het Nederlands in een notendop
Nicoline van der Sijs
€ 9,95 / 165 pagina's

De moderne wereldliteratuur in een notendop
Maarten Steenmeijer en Franc Schuerewegen
€ 9,95 / 145 pagina's

De 20ste eeuw in een notendop
Hans Ulrich
€ 9,95 / 160 pagina's

Psychologie in een notendop
Frans Verstraten
€ 9,95 / 204 pagina's